Puro e Semplice

Gjeni Kënaqësinë e Vërtetë në Kuzhinën Italiane

Luca Rossini

TABELA E PËRMBAJTJES

Kungull i njomë i mbushur me ton 8

kungull i njomë i skuqur 11

Kungull i njomë 13

Kungull dimëror i ëmbël dhe i thartë 16

perime të pjekura 19

Perime të pjekura me rrënjë dimri 21

Zierje me perime verore 23

Tavë perimesh me shtresa 26

Bukë e bërë në shtëpi 28

Bukë barishtore 31

Bukë me djathë të stilit marches 34

rrotulla misri të artë 37

Bukë e ullirit të zi 40

Bukë Stromboli 43

bukë djathi me arra 46

rrotulla domate 49

brioshe e vendit 52

Bukë letre muzikore Sardenjë 55

Bukë me qepë të kuqe 58

Bukë me verë të bardhë 61

Break me domate të thara në diell 64

Bukë romake me patate 67

Bukë e pjekur në skarë nga Emilia-Romagna 70

Shkopinj buke 73

unaza kopër 76

Unaza bajame dhe piper të zi 79

pica e bërë në shtëpi 82

Brumë picash në stil napolitan 86

Pica me mocarela, domate dhe borzilok 89

Pica me domate, hudhra dhe rigon 91

Pica me kërpudha të egra 93

kalzonet 96

Skuqje açuge 99

Rrotullimet e domates dhe djathit 102

kek pashke 104

Sallatë me oriz dhe karkaleca 108

Sallatë me karkaleca, portokall dhe açuge 111

Sallatë me sardele dhe rukola 113

Sallatë me fiston të pjekur në skarë 116

sallatë me gaforre veneciane 118

Sallatë me kallamar me rukola dhe domate 120

Sallatë me karavidhe 123

Sallatë me ton dhe fasule toskane 126

Sallatë me ton me kuskus 128

Sallatë ton me fasule dhe rukola 130

Sallatë me ton të premten në mbrëmje 133

Dressing Gorgonzola dhe Lajthia 135

Salcë me krem limoni 136

Salcë me portokall dhe mjaltë 137

Lëng mishi 138

Supë pule 140

Supë me fasule të Antonietës 142

Makarona dhe fasule 145

Supë me fasule kremoze 147

Supë friuliane elb dhe fasule 149

Supë me fasule dhe kërpudha 151

Makarona dhe fasule Milano 153

Supë me thjerrëza dhe kopër 157

Supë me spinaq, thjerrëza dhe oriz 159

Supë me thjerrëza dhe perime 161

Supë pure me thjerrëza me krutona 163

Supë me qiqra Puglia 165

Supë me qiqra dhe makarona 167

Supë liguriane me qiqra dhe porcini 169

Supë me bukë toskane dhe perime 172

Supë dimërore me kunguj 176

Supë "ujë i gatuar" 178

Supë Pesto me kungull i njomë 180

Supë me presh, domate dhe bukë 183

Supë me kungull i njomë dhe domate 185

Supë me kungull i njomë dhe patate 187

Supë kremoze me kopër 189

Supë me kërpudha dhe patate 191

Krem me lulelakër 193

Supë siciliane me domate dhe elbi 195

supë me piper të kuq 197

Fontina, supë me bukë dhe lakër 199

supë kremoze me kërpudha 201

Supë me perime Pesto 203

Supë me vezë Pavia 205

byrek me presh 208

Sanduiçe me mocarela, borzilok dhe piper të pjekur 210

Sanduiç Riviera 212

Kungull i njomë i mbushur me ton

Kungull i njomë al Tonno

Bën 6 racione

I kisha si meze në një restorant fshati në Toskanë. Shpesh i shërbej si pjatë kryesore me një sallatë jeshile.

2 feta bukë italiane ose franceze një ditë, e hequr koren (rreth 1/3 filxhani bukë)

1 1/2 filxhan qumësht

6 kunguj të vegjël të prerë

1 kanaçe (6 1/2 ons) ton e paketuar në vaj ulliri

1/4 filxhan Parmigiano-Reggiano i sapo grirë plus 2 lugë gjelle

1 thelpi hudhër të grirë imët

2 lugë majdanoz të freskët me gjethe të sheshta të grira hollë

arrëmyshk i sapo grirë

Kripë dhe piper i zi i sapo bluar

1 vezë e madhe, e rrahur lehtë

1. Vendosni një raft në qendër të furrës. Ngrohni furrën në 425°F. Lyeni me yndyrë një fletë pjekjeje mjaft të madhe për të mbajtur gjysmat e kungujve në një shtresë të vetme.

2. E spërkasim bukën me qumësht dhe e lëmë të njomet derisa të zbutet. Pastroni kungull i njomë me një furçë nën ujë të rrjedhshëm të ftohtë. Pritini skajet.

3. Pritini kungulleshkat përgjysmë për së gjati. Duke përdorur një lugë të vogël, hiqni tulin, duke lënë një lëvozhgë 1/4 inç dhe rezervoni pulpën. Në tavën e përgatitur vendosim lëkurat e kungujve me anën e prerë lart. Prisni tulin e kungujve dhe vendoseni në një tas.

4. Kullojeni tonin duke rezervuar vajin. Grini tonin në një tas të madh. Shtrydheni bukën dhe ia shtoni tonit së bashku me tulin e grirë të kungujve, 1/4 filxhan djathë, hudhrën, majdanozin, arrëmyshkun dhe kripë e piper sipas shijes. Përziejini mirë. Shtoni vezën.

5. Përzierjen e derdhni në lëkurat e kungujve të njomë. Vendosim kungulleshkat në tavën e pjekjes. Spërkateni me pak nga vaji i rezervuar i tonit. Spërkateni me djathin e mbetur. Hidhni 1/2 filxhan ujë rreth kungujve.

6. Piqni për 30 deri në 40 minuta ose derisa kungull i njomë të marrë ngjyrë kafe të artë dhe të butë kur shpohet me thikë. Shërbejeni të ngrohtë ose në temperaturë ambienti.

kungull i njomë i skuqur

frite kungull i njomë

Bën 6 racione

Birra i jep këtij brumi një shije dhe ngjyrë të këndshme, ndërsa flluskat e bëjnë atë të lehtë. Brumi është gjithashtu i mirë për skuqjen e peshkut, unazave të qepëve dhe perimeve të tjera.

6 kunguj të vegjël

1 filxhan miell për të gjitha përdorimet

2 vezë të mëdha

¼4/4 filxhan birrë

Vaj vegjetal për tiganisje

Kripë

1. Pastroni kungull i njomë me një furçë nën ujë të rrjedhshëm të ftohtë. Pritini skajet. Pritini kungull i njomë në shirita 2 × 1/4 × 1/4 inç.

2. Përhapeni miellin në një fletë letre të dylli. Në një tas mesatarisht të cekët, rrihni vezët derisa të bëhen shkumë. Rrihni birrën derisa të përzihet mirë.

3. Hidhni rreth 2 centimetra vaj në një tigan të thellë të rëndë ose në një tigan të thellë duke ndjekur udhëzimet e prodhuesit. Ngrohni vajin mbi nxehtësinë mesatare derisa një pikë e përzierjes së vezëve të ziejë kur shtohet në tigan dhe temperatura të arrijë 370°F në një termometër të skuqur thellë.

4. Thërrmoni rreth një të katërtën e rripave të kungujve në miell, më pas zhytni në përzierjen e vezëve.

5. Duke i mbajtur kungull i njomë me darë, lëreni brumin e tepërt të pikojë, më pas hidhni kungullinat në vaj një pjesë nga një. Shtoni vetëm aq sa do të përshtaten pa grumbullim. Skuqini kungulleshkat deri sa të jenë të freskëta dhe të arta, rreth 2 minuta. Hiqni kungulleshkat me një lugë të prerë. Kullojini në peshqir letre. Mbajeni të ngrohtë në një furrë të ulët ndërsa pjesën tjetër e skuqni.

6. Spërkateni me kripë dhe shërbejeni të nxehtë.

Kungull i njomë

Formati kungull i njomë

Bën 6 racione

Do t'ju nevojiten gjashtë ramekins të vegjël ose gota pjekjeje për të bërë këto pjata delikate. Shërbejini ato si një pjatë anësore me rosto ose me proshutë për një brunch pranvere. Zakonisht i lë të qëndrojnë për një ose dy minuta dhe më pas i nxjerr nga tava, por nëse i servirni drejtpërdrejt nga furra ndërsa janë ende të fryra, bëjnë një sufle të këndshme fillestare. Nxitoni megjithatë; fundosen shpejt.

Ju mund të zëvendësoni kungull i njomë brokoli, shpargu, karota ose perime të tjera.

1 lugë gjelle gjalpë pa kripë, i shkrirë

3 kunguj të njomë mesatarë, të prerë në feta të trasha

4 vezë të mëdha, të ndara

½ filxhan Parmigiano-Reggiano i grirë

Një majë kripë

Majë arrëmyshk bluar

1. Pastroni kungull i njomë me një furçë nën ujë të rrjedhshëm të ftohtë. Pritini skajet.

2. Vendosni një raft në qendër të furrës. Ngrohni furrën në 350°F. Lyejini me furçë me gjalpë të shkrirë gjashtë ramekin 4 ons ose kupa kremi të papërshkueshëm nga furra.

3. Sillni një tenxhere të madhe me ujë të ziejë. Shtoni kungulleshkat dhe lërini të ziejnë. Gatuani 1 minutë. Kungulleshkat kullojini mirë. Thani copat me peshqir letre. Kaloni kungull i njomë përmes një mulli ushqimi ose përzieni në një procesor derisa të jenë të lëmuara. Transferoni purenë e kungujve në një tas të madh.

4. Shtoni të verdhat e vezëve, Parmigianon, kripën dhe arrëmyshkun tek kungulleshkat dhe përziejini mirë.

5. Në një tas të madh, duke përdorur një mikser elektrik, rrihni të bardhat e vezëve derisa të kenë maja të buta kur mikseri të ngrihet. Duke përdorur një shpatull gome, palosni butësisht të bardhat në përzierjen e kungujve të njomë.

6. Hidheni përzierjen në gota. Piqni 15 deri në 20 minuta ose derisa sipër të jetë njollosur lehtë me kafe dhe një thikë e futur afër qendrës të dalë e pastër. Hiqni gotat nga furra. Lëreni të

qëndrojë për 2 minuta, më pas hidhni një thikë të vogël brenda kupave dhe kthejini këllëfët në një pjatë.

Kungull dimëror i ëmbël dhe i thartë

Fegato dei Sette Cannoli

Emri sicilian për këtë kungull është "mëlçia e shtatë armëve". Distrikti Seven Canyons i Palermos, i quajtur për një shatërvan dhe monument të famshëm, dikur ishte aq i varfër që banorët e tij nuk mund të përballonin mishin. Ata zëvendësuan kungullin në këtë recetë, e cila zakonisht bëhet me mëlçi. Mund të bëhet edhe me feta kungull i njomë, karrota ose patëllxhan.

Planifikoni ta bëni këtë të paktën një ditë përpara se ta shërbeni, sepse aroma thjesht bëhet më e mirë ashtu siç është. Ruhet mirë për disa ditë.

Edhe pse sicilianët zakonisht skuqin kungullin, unë preferoj ta pjekim. Kjo është gjithashtu e mirë si një antipastë.

1 arrë, lis ose kungull tjetër dimëror ose kungull i vogël, i prerë në feta 1/4 inç të trasha

Vaj ulliri

1/2 filxhan uthull vere të kuqe

1 luge sheqer

Kripë

2 thelpinj hudhre te grira shume holle

⅓ filxhan majdanoz të freskët ose nenexhik të copëtuar

1. Shpëlajeni kungullin dhe thajeni. Pritini skajet me një thikë të madhe dhe të rëndë kuzhine. Qëroni lëkurën me një qëruese perimesh. Pritini kungullin në gjysmë dhe hiqni farat. Pritini kungujt në feta 1/4 inç të trasha. Ngrohni furrën në 400°F.

2. Lyejini me furçë me vaj fetat e kungujve nga të dyja anët. Renditni fetat në tepsi në një shtresë të vetme. Piqeni për 20 minuta ose derisa të zbuten. Ktheni fetat dhe piqini edhe 15 deri në 20 minuta të tjera, ose derisa kungulli të jetë i butë kur shpohet me thikë dhe skuqet lehtë.

3. Ndërkohë, në një tenxhere të vogël ngrohni uthullën, sheqerin dhe kripën sipas shijes. I trazojmë derisa të tretet sheqeri dhe kripa.

4. Në një pjatë ose tas të cekët, rregulloni disa nga fetat e kungujve në një shtresë të vetme, duke u mbivendosur pak. Spërkateni me pak hudhër dhe majdanoz. Përsëritni shtresat derisa të përdoren të gjitha kungujt, hudhrat dhe majdanozi. Sipër hidhni

përzierjen e uthullës. Mbulojeni dhe vendoseni në frigorifer të paktën 24 orë përpara se ta shërbeni.

perime të pjekura

Gjelbërim alla Griglia

Bën 8 racione

Pjekja në skarë është një nga mënyrat më të mira për të gatuar perime. Pjekja në skarë u jep atyre një aromë tymi dhe shenjat e skarës shtojnë tërheqjen vizuale. Pritini perimet në feta të trasha ose në copa të trasha në mënyrë që të mos bien përmes skarës në flakë. Nëse dëshironi, mund ta vishni me një salcë vaji dhe uthull para se ta shërbeni.

1 patëllxhan mesatar (rreth 1 kile), i prerë në feta 1/2 inç të trasha

Kripë

1 qepë e madhe e kuqe ose spanjolle, e prerë në feta 1/2 inç të trasha

Hiqen 4 kërpudha të mëdha, si portabello

4 domate mesatare, të prera dhe të përgjysmuara në mënyrë tërthore

2 speca zile të mëdha të kuqe ose të verdha, me bërthama, me fara dhe të prera në katër pjesë

Vaj ulliri

piper i zi i sapo bluar

6 gjethe borziloku të freskët, të prera në copa

1.Pritini pjesën e sipërme dhe të poshtme të patëllxhanëve. Pritini patëllxhanin në mënyrë tërthore në feta 1/2 inç të trasha. I spërkasim me bollëk fetat e patëllxhanit me kripë. Vendosini fetat në një kullesë dhe lërini në një pjatë të kullojë për 30 minuta. Shpëlajeni kripën nën ujë të ftohtë dhe thajini fetat me peshqir letre.

2.Vendosni një skarë për Barbecue ose skarë rreth 5 inç nga burimi i nxehtësisë. Ngrohni paraprakisht skarë ose skarë.

3.I lyejmë fetat e perimeve me vaj ulliri dhe i vendosim me anën e lyer me vaj përballë burimit të nxehtësisë. Gatuani derisa të marrë një ngjyrë të lehtë të artë, rreth 5 minuta. I kthejmë fetat dhe i lyejmë me vaj. Gatuani derisa të marrë ngjyrë të artë dhe të butë, rreth 4 minuta. I spërkasim perimet me kripë dhe piper.

4.Vendosni perimet në një tas. Spërkateni me vaj shtesë dhe spërkateni me borzilokun. Shërbejeni të nxehtë ose në temperaturë ambienti.

Perime të pjekura me rrënjë dimri

Gjelbërim në furrë

Bën 6 racione

Kjo u frymëzua nga perimet e shijshme të skuqura që shpesh shoqërojnë mishrat e pjekur në Italinë Veriore. Nëse tigani juaj nuk është mjaftueshëm i madh për të mbajtur perimet në një shtresë të vetme, përdorni dy tigane.

2 rrepa mesatare, të qëruara dhe të prera në katër pjesë

2 karota mesatare, të qëruara dhe të prera në copa 1 inç

2 majdanoz të mesëm, të qëruar dhe të prerë në copa 1 inç

2 patate mesatare për të gjitha përdorimet, të prera në katër pjesë

2 qepë mesatare, të prera në katërsh

4 thelpinj hudhër të qëruara

1/3 filxhan vaj ulliri

Kripë dhe piper i zi i sapo bluar

1. Vendosni një raft në qendër të furrës. Ngrohni furrën në 450°F. Kombinoni perimet e prera dhe thelpinjtë e hudhrës në një tigan të madh pjekjeje. Perimet duhet të jenë të thella vetëm një shtresë. Përdorni dy tenxhere, nëse është e nevojshme, në mënyrë që perimet të mos grumbullohen së bashku. Hidhni perimet me vaj dhe kripë e piper për shije.

2. Ziejini perimet në skarë rreth 1 orë e 10 minuta, duke i rrotulluar çdo 15 minuta, derisa të zbuten dhe të marrin ngjyrë të artë.

3. Transferoni perimet në një pjatë servirjeje. Shërbejeni të nxehtë.

Zierje me perime verore

ciambotta

Për 4 deri në 6 racione

Në verë shkoj në tregun lokal të fermerëve disa herë në javë. Më pëlqen të flas me fermerët dhe të provoj shumë produkte të pazakonta që ata shesin. Po të mos ishte tregu, jam i sigurt se nuk do të kisha provuar kurrë gjëra të tilla si luleradhiqe e kuqe, purslane, lagje qengjit dhe kaq shumë perime të tjera që nuk i gjeni në supermarkete. Fatkeqësisht, shpesh blej shumë. Pikërisht atëherë bëj ciambotta, një zierje me perime italiane jugore.

Kjo ciambotta e veçantë është klasikja, një kombinim i patëllxhanit, specave, patateve dhe domateve. Është i mrekullueshëm si pjatë e dytë ose e mbushur me djathë të grirë si pjatë kryesore pa mish. Mund ta hani edhe të ftohtë të përhapur në tost për crostini dhe të ngrohtë si mbushje sanduiç me mocarela të prerë në feta.

1 qepë mesatare

4 domate kumbulla

2 patate të gjithanshme, të qëruara

1 patëllxhan mesatar

1 spec të kuq mesatar

1 piper zile mesatare të verdhë

Kripë dhe piper i zi i sapo bluar

3 lugë vaj ulliri

½ filxhan gjethe të freskëta të borzilokut të grisura ose Parmigiano-Reggiano ose Pecorino Romano të sapo grira (opsionale)

1. Pritini perimet dhe i prisni në copa të vogla. Në një tigan të madh, gatuajeni qepën në vaj mbi nxehtësinë mesatare-të ulët derisa të zbutet, rreth 5 deri në 8 minuta.

2. Shtoni domatet, patatet, patëllxhanin dhe specat. Shtoni kripë dhe piper për shije. Mbulojeni dhe gatuajeni, duke e përzier herë pas here, rreth 40 minuta, ose derisa të gjitha perimet të jenë të buta dhe pjesa më e madhe e lëngut të ketë avulluar. Nëse përzierja bëhet shumë e thatë, shtoni disa lugë ujë. Nëse ka shumë lëngje, zbulojeni dhe gatuajeni edhe 5 minuta të tjera.

3. Shërbejeni të ngrohtë ose në temperaturë ambienti, të thjeshtë ose të zbukuruar me borzilok ose djathë.

Variacion: Ciambotta me vezë: Kur perimet të jenë gati, rrihni 4 deri në 6 vezë me kripë derisa të përzihen. Hidhni vezët mbi perime. Mos e përzieni. Mbuloni tavën. Gatuani derisa vezët të jenë të vendosura, rreth 3 minuta. Shërbejeni të ngrohtë ose në temperaturë ambienti.

Tavë perimesh me shtresa

Teglia di Verdure

Shërben 6 deri në 8

Përdorni një pjatë pjekjeje dhe servirje tërheqëse për këtë tavë dhe shërbejini perimet nga pjata. Shkon mirë me fritatat, pulën dhe shumë pjata të tjera.

1 patëllxhan mesatar (rreth 1 kile), i qëruar dhe i prerë hollë

Kripë

3 patate mesatare për të gjitha përdorimet (rreth 1 kile), të qëruara dhe të prera hollë

piper i zi i sapo bluar

2 qepë mesatare

1 spec i kuq dhe 1 spec i gjelbër, të prerë në feta hollë

3 domate mesatare, të grira

6 gjethe borziloku, të prera në copa

⅓ filxhan vaj ulliri

1. Qëroni patëllxhanët dhe e prisni në feta të holla në mënyrë tërthore. Vendosini fetat në një kullesë, duke i spërkatur të gjitha me kripë. Vendoseni sitë në një pjatë dhe lëreni të qëndrojë 30 deri në 60 minuta që të kullojë. Shpëlani fetat e patëllxhanit dhe thajini ato.

2. Vendosni një raft në qendër të furrës. Ngrohni furrën në 375°F. Lyeni me yndyrë një enë pjekjeje 13×9×2 inç.

3. Bëni një shtresë me feta patate të mbivendosura në fund të enës. Spërkateni me kripë dhe piper. Patatet i mbulojmë me një shtresë patëllxhani dhe i spërkasim me kripë. Shtoni shtresa me qepë, speca zile dhe domate. Spërkateni me kripë dhe piper. Sipër spërkatni borzilokun. Spërkateni me vaj ulliri.

4. Mbulojeni me letër alumini. Piqeni 45 minuta. Hiqni me kujdes letrën e aluminit. Gatuani edhe 30 minuta të tjera ose derisa perimet të marrin ngjyrë kafe të artë dhe të zbuten kur shpohen me thikë. Shërbejeni të ngrohtë ose në temperaturë ambienti.

Bukë e bërë në shtëpi

Bukë në shtëpi

Bën 2 bukë

Ja një bukë bazë e stilit italian që bëhet e këndshme dhe krokante në një furrë shtëpiake. Për shkak se brumi është shumë ngjitës, është më mirë ta bëni këtë bukë në një mikser ose përpunues ushqimi me qëndrueshmëri të lartë. Mos u tundoni të shtoni më shumë miell në brumë. Duhet të jetë shumë i lagësht për të marrë rezultatet e duhura, me vrima të mëdha në thërrime dhe një kore krokante.

1 lugë çaji maja e thatë aktive

2 gota ujë të ngrohtë (100° deri në 110°F)

4 1/2 gota miell buke

2 lugë çaji kripë

2 lugë bollgur të imët

1. Derdhni ujin në një tas mikser të rëndë. Spërkateni me maja. Lëreni të qëndrojë derisa maja të bëhet kremoze, rreth 2 minuta. I trazojmë derisa majaja të tretet.

2. Shtoni miellin dhe kripën. I trazojmë mirë derisa të krijohet një brumë i lëmuar. Brumi duhet të jetë shumë ngjitës. Rrihni brumin derisa të jetë i qetë dhe elastik, rreth 5 minuta.

3. Lyejeni pjesën e brendshme të një tasi të madh. Vendoseni brumin në tas dhe kthejeni për të lyer sipër. Mbulojeni me mbështjellës plastik dhe lëreni të ngrihet në një vend të ngrohtë, pa rrymë derisa të dyfishohet vëllimi, rreth 1 1/2 orë.

4. Rrafshojmë brumin dhe e ndajmë në gjysmë. Formoni secilën pjesë në një top. Përhapeni grilat në një fletë të madhe pjekjeje. Vendosni topat e brumit disa centimetra larg njëri-tjetrit në fletën e pjekjes. Mbulojeni me mbështjellës plastik dhe lëreni të ngrihet në një vend të ngrohtë, pa rrymë derisa të dyfishohet, rreth 1 orë.

5. Vendoseni raftin në qendër të furrës. Ngrohni furrën në 450°F. Duke përdorur një brisk rroje ose thikë shumë të mprehtë, prisni një X në pjesën e sipërme të secilës petë. Transferoni brumin në gurin e pjekjes. Piqni derisa simitet të marrin ngjyrë kafe të artë dhe të tingëllojnë zbrazëtirë kur t'i trokasin në fund, 40 minuta.

6. Rrëshqitni bukët në rafte për t'u ftohur plotësisht. Ruajeni të mbështjellë në letër alumini deri në 24 orë në temperaturën e dhomës ose në frigorifer deri në një muaj.

Bukë barishtore

Pane alle Erbe

Bën një bukë 12 inç

Në qytetin e Forlimpopolit, në Emilia-Romagna, hëngra në një restorant që ishte hapur nga një çift i ri në një vilë të shekullit të 17-të. Para vaktit, ata nxorrën bukë të shijshme barishtore. Kur pyeta për këtë, kuzhinierja ishte e lumtur të ndante recetën, duke më këshilluar që për rezultate më të mira duhet të dilja në kopsht në agim për të mbledhur barishtet ndërsa ishin ende të lagura nga vesa e mëngjesit. Megjithatë, do të merrni rezultate të mira me barishte të freskëta nga supermarketi.

1 zarf (2 1/2 lugë çaji) maja e thatë aktive ose 2 lugë çaji maja e menjëhershme

1 filxhan ujë të ngrohtë (100° deri në 110°F)

2 lugë gjalpë pa kripë, të shkrirë dhe të ftohur

Rreth 2 1/2 filxhan miell të pazbardhur për të gjitha përdorimet

1 luge sheqer

1 lugë çaji kripë

1 lugë majdanoz i freskët i grirë

1 lugë gjelle mente të freskët të copëtuar

1 lugë gjelle trumzë e freskët e copëtuar

1 lugë gjelle qiqra të freskëta të prera në feta

1 e verdhë veze plus 1 lugë gjelle ujë

1. Derdhni ujin në një enë të madhe. Spërkateni me maja. Lëreni të qëndrojë derisa maja të bëhet kremoze, rreth 2 minuta. I trazojmë derisa majaja të tretet.

2. Shtoni gjalpin dhe 2 gota miell, sheqer dhe kripë dhe përzieni derisa të formohet një brumë i qetë. Vendoseni brumin në një sipërfaqe të lyer lehtë me miell. Spërkateni me barishtet dhe gatuajeni derisa të jetë e qetë dhe elastike, rreth 10 minuta, duke shtuar më shumë miell sipas nevojës për të bërë një brumë të lagësht, por jo ngjitës. (Ose bëjeni brumin në një mikser të rëndë, përpunues ushqimi ose makinë buke duke ndjekur udhëzimet e prodhuesit.)

3. Lyejeni pjesën e brendshme të një tasi të madh. E vendosim brumin në tas duke e kthyer një herë që të lyhet sipër. Mbulojeni me mbështjellës plastik dhe lëreni në një vend të ngrohtë derisa të dyfishohet vëllimi, rreth 1 orë.

4. Lyeni me yndyrë një fletë të madhe pjekjeje. Vendoseni brumin në një sipërfaqe të lyer pak me miell dhe rrafshoni me duar për të hequr çdo flluskë ajri. Rrokullisni brumin midis duarve tuaja për të formuar një litar rreth 12 inç të gjatë. Vendoseni brumin në tepsi. Mbulojeni me mbështjellës plastik dhe lëreni derisa të dyfishohet, rreth 1 orë.

5. Vendoseni raftin në qendër të furrës. Ngrohni furrën në 400°F. Lyejeni brumin me furçë me përzierje të verdhë veze. Duke përdorur një brisk ose thikë shumë të mprehtë, prisni 4 të çara në pjesën e sipërme. Piqeni derisa buka të marrë ngjyrë kafe të artë dhe të tingëllojë e zbrazët kur trokitni në fund, rreth 30 minuta.

6. Rrëshqitni bukën në një raft teli që të ftohet plotësisht. Mbështilleni me fletë metalike dhe ruajeni në temperaturën e dhomës deri në 24 orë ose ngrini deri në 1 muaj.

Bukë me djathë të stilit marches

Ciaccia

Bën një bukë të rrumbullakët 9 inç

Rajoni i Marches në Italinë qendrore mund të mos jetë shumë i njohur kur bëhet fjalë për ushqimin, por ka shumë për të ofruar. Përgjatë bregdetit ka prodhime deti të shkëlqyera, ndërsa në brendësi, ku ka male të thyer, kuzhina është e bollshme dhe përmban gjahun dhe tartufin. Një specialitet vendas është ciauscolo, një sallam i butë i bërë nga mish derri i bluar shumë imët me aromë me hudhër dhe erëza që mund të përhapet në bukë. Kjo bukë e shijshme e bërë me dy lloje djathi shërbehet si meze e lehtë ose si aperitiv me një gotë verë. Është ideale për piknik, me vezë të ziera, sallam dhe sallatë.

1 zarf (2 1/2 lugë çaji) maja e thatë aktive ose 2 lugë çaji maja e menjëhershme

1 filxhan qumësht të ngrohtë (100° deri në 110°F)

2 vezë të mëdha, të rrahura

2 lugë gjelle vaj ulliri

1/2 filxhan Pecorino Romano i sapo grirë

½ filxhan Parmigiano-Reggiano i sapo grirë

Rreth 3 gota miell të pazbardhur për të gjitha përdorimet

1/2 lugë çaji kripë

1/2 lugë çaji piper i zi i sapo bluar

1. Në një tas të madh, spërkatni majanë mbi qumësht. Lëreni të qëndrojë derisa maja të bëhet kremoze, rreth 2 minuta. I trazojmë derisa majaja të tretet.

2. Shtoni vezët, vajin dhe djathrat dhe i rrahim mirë. Me një lugë druri shtojmë miellin, kripën dhe piperin derisa të krijohet një brumë i butë. Vendoseni brumin në një sipërfaqe të lyer lehtë me miell. Ziejini derisa të jetë e qetë dhe elastike, rreth 10 minuta, duke shtuar më shumë miell sipas nevojës për të bërë një brumë të lagësht, por jo ngjitës. (Ose bëjeni brumin në një mikser të rëndë, përpunues ushqimi ose makinë buke duke ndjekur udhëzimet e prodhuesit.) Formoni një top me brumin.

3. Lyejeni pjesën e brendshme të një tasi të madh. Vendoseni brumin në tas duke e kthyer një herë për të lyer sipër. Mbulojeni me mbështjellës plastik dhe lëreni të rritet për 1 1/2 orë ose derisa të dyfishohet vëllimi.

4. Shtypni brumin poshtë për të hequr çdo flluskë ajri. Formoni brumin në një top.

5. Lyeni me yndyrë një tepsi 9 inç në formë pranvere. Shtoni brumin, mbulojeni dhe lëreni të ngrihet përsëri derisa të dyfishohet, rreth 45 minuta.

6. Vendoseni raftin në qendër të furrës. Ngroheni furrën në 375°F. Lyejeni pjesën e sipërme të brumit me të verdhën e vezës. Piqni deri në kafe të artë, rreth 35 minuta.

7. Lëreni të ftohet për 10 minuta në tigan. Hiqni anët e tavës, më pas rrëshqitni bukën në një raft teli që të ftohet plotësisht. Mbështilleni me fletë metalike dhe ruajeni në temperaturën e dhomës deri në 24 orë ose ngrini deri në 1 muaj.

rrotulla misri të artë

Panini d'Oro

Bën 8 deri në 10 racione

Simitet e rrumbullakëta të mbushura me gjysmë domate qershi marrin ngjyrën e artë nga mielli i misrit. Brumi formohet në toptha, të cilët bashkohen në një petë ndërsa piqen. Roletat mund të shërbehen si një bukë e tërë, secila duke hequr qafe të tyren. Këto janë veçanërisht të mira për një darkë supë ose djathë.

1 zarf (2 1/2 lugë çaji) maja e thatë aktive ose 2 lugë çaji maja e menjëhershme

1 1/2 filxhan ujë të ngrohtë (100° deri në 110°F)

1 1/2 filxhan qumësht

1 1/4 filxhan vaj ulliri

Rreth 2 gota miell të pazbardhur për të gjitha përdorimet

1 1/2 filxhan miell misri të verdhë të imët

1 lugë çaji kripë

10 domate qershi, të prera në gjysmë

1. Në një tas të madh, spërkatni majanë mbi ujë. Lëreni të qëndrojë derisa maja të bëhet kremoze, rreth 2 minuta. I trazojmë derisa majaja të tretet. Shtoni qumështin dhe 2 lugë vaj.

2. Në një tas të madh, përzieni miellin, miellin e misrit dhe kripën.

3. Shtoni përbërësit e thatë në lëng dhe përzieni derisa të formohet një brumë. Vendoseni brumin në një sipërfaqe të lyer lehtë me miell. Ziejini derisa të jetë e qetë dhe elastike, rreth 10 minuta, duke shtuar më shumë miell sipas nevojës për të bërë një brumë të lagësht dhe pak ngjitës. (Ose bëjeni brumin në një mikser të rëndë, përpunues ushqimi ose makinë buke duke ndjekur udhëzimet e prodhuesit.) Formoni një top me brumin.

4. Lyejeni pjesën e brendshme të një tasi të madh. Shtoni brumin duke e kthyer një herë për të lyer sipër. Mbulojeni me mbështjellës plastik dhe lëreni të pushojë 1 1/2 orë në një vend të ngrohtë, pa rrymë.

5. Lyeni me yndyrë një tavë 10 inç në formë pranvere. Shtypni brumin poshtë për të hequr çdo flluskë ajri. Pritini brumin në katërsh. Pritini çdo çerek në 5 pjesë të barabarta. Rrokullisni secilën pjesë në një top. Rendisim copat në tepsi. Shtypni një anë të prerë domate të mesme poshtë në qendër të secilës pjesë të

brumit. Mbulojeni me film ushqimor dhe lëreni në një vend të ngrohtë për 45 minuta ose derisa të dyfishohet.

6. Vendoseni raftin në qendër të furrës. Ngroheni furrën në 400°F. Lyejeni brumin me 2 lugët e mbetura vaj ulliri. Piqni për 30 minuta ose derisa të marrin ngjyrë të artë.

7. Hiqni anët e tavës. Rrëshqitni rrotullat në një raft teli për t'u ftohur. Mbështilleni me fletë metalike dhe ruajeni në temperaturën e dhomës deri në 24 orë ose ngrini deri në 1 muaj.

Bukë e ullirit të zi

Bukë ulliri

Bën dy bukë 12 inç

Kjo bukë bëhet me një starter, një përzierje mielli, uji dhe maja. Fillesa ngrihet veçmas dhe shtohet në brumë për t'i dhënë bukës një shije shtesë. Planifikoni të përgatisni ushqimin të paktën 1 orë ose deri në një ditë përpara.

Megjithëse zakonisht përdor ullinj të zinj italianë të shijshëm për këtë recetë, mund të përdoren edhe ullinj jeshilë. Ose provoni një përzierje të disa llojeve të ndryshme të ullinjve. Kjo bukë është e njohur në rajonin e Venetos.

1 zarf (21/2 lugë çaji) maja e thatë aktive ose 2 lugë çaji maja e menjëhershme

2 gota ujë të ngrohtë (100° deri në 110°F)

Rreth 41/2 filxhan miell të pazbardhur për të gjitha përdorimet

1/2 filxhan miell gruri të plotë

2 lugë çaji kripë

2 lugë gjelle vaj ulliri

1 1/2 filxhan ullinj të zi me shije, të tilla si Gaeta, pa kore dhe të grirë trashë

1. Në një tas mesatar, spërkatni majanë mbi 1 gotë ujë. Lëreni të qëndrojë derisa maja të bëhet kremoze, rreth 2 minuta. I trazojmë derisa majaja të tretet. Shtoni 1 filxhan miell për të gjitha qëllimet. Mbulojeni me mbështjellës plastik dhe lëreni në një vend të freskët derisa të marrë flluska, rreth 1 orë ose gjatë gjithë natës. (Nëse është e nxehtë, vendoseni starterin në frigorifer. Hiqeni rreth 1 orë para se të bëni brumin.)

2. Në një tas të madh, rrihni së bashku 3 1/2 filxhan të mbetur miell për përdorime, miell gruri integral dhe kripë. Shtoni starterin, 1 filxhanin e mbetur me ujë të ngrohtë dhe vajin. Me një lugë druri trazojmë derisa të krijohet një brumë i butë.

3. Kthejeni brumin në një sipërfaqe të lyer pak me miell dhe gatuajeni derisa të jetë i qetë dhe elastik, rreth 10 minuta, duke shtuar më shumë miell sipas nevojës për një brumë të lagësht dhe pak ngjitës. (Ose bëjeni brumin në një mikser të rëndë, përpunues ushqimi ose makinë buke duke ndjekur udhëzimet e prodhuesit.) Formoni një top me brumin.

4. Lyejeni pjesën e brendshme të një tasi të madh. Shtoni brumin duke e kthyer një herë për të lyer sipër. Mbulojeni me

mbështjellës plastik dhe lëreni në një vend të ngrohtë derisa të dyfishohet vëllimi, rreth 1 1/2 orë.

5.Lyeni me yndyrë një fletë të madhe pjekjeje. Rrafshoni brumin për të hequr çdo flluskë ajri. Përziejini shkurtimisht ullinjtë. Ndani brumin në dy pjesë dhe formoni secilën pjesë në një petë rreth 12 inç të gjatë. Vendosni bukët disa centimetra larg njëra-tjetrës në fletën e përgatitur të pjekjes. Mbulojeni me mbështjellës plastik dhe lëreni derisa të dyfishohet vëllimi, rreth 1 orë.

6.Vendoseni raftin në qendër të furrës. Ngroheni furrën në 400°F. Duke përdorur një brisk rroje me një tehe ose thikë të mprehtë, bëni 3-4 prerje diagonale në sipërfaqen e secilës petë. Piqni për 40 deri në 45 minuta ose derisa të marrin ngjyrë të artë.

7.Rrëshqitni bukët në një raft teli për t'u ftohur. Mbështilleni me fletë metalike dhe ruajeni në temperaturën e dhomës deri në 24 orë ose ngrini deri në 1 muaj.

Bukë Stromboli

rrotull buke

Bën dy bukë 10 inç

Me sa di unë, kjo bukë e mbushur me djathë dhe salsiçe është një krijim italo-amerikan, ndoshta i frymëzuar nga bonata siciliane, brumë buke e mbështjellë rreth një mbushjeje dhe e pjekur në formën e një buke. Stromboli është një vullkan i famshëm sicilian, kështu që emri është ndoshta një referencë për faktin se mbushja rrjedh nga vrimat, duke i ngjan lavës së shkrirë. Shërbejeni bukën si meze ose meze të lehtë.

1 lugë çaji maja e thatë aktive ose 2 lugë çaji maja të menjëhershme

¾ filxhan ujë të ngrohtë (100° deri në 110°F)

Rreth 2 gota miell të pazbardhur për të gjitha përdorimet

1 lugë çaji kripë

4 ons provolone të buta të prera në feta ose djathë zviceran

2 ons sallam të prerë hollë

4 ons proshutë në feta

1 e verdhe veze e rrahur me 2 luge uje

1. Në një tas të madh, spërkatni majanë mbi ujë. Lëreni të qëndrojë derisa maja të bëhet kremoze, rreth 2 minuta. I trazojmë derisa majaja të tretet.

2. Shtoni miellin dhe kripën. Me një lugë druri trazojmë derisa të krijohet një brumë i butë. Kthejeni brumin në një sipërfaqe të lyer pak me miell dhe gatuajeni derisa të jetë i qetë dhe elastik, rreth 10 minuta, duke shtuar më shumë miell sipas nevojës për të bërë një brumë të lagësht, por jo ngjitës. (Ose bëjeni brumin në një mikser të rëndë, përpunues ushqimi ose makinë buke duke ndjekur udhëzimet e prodhuesit.)

3. Lyejeni pjesën e brendshme të një tasi të madh. Shtoni brumin në tas duke e kthyer një herë për të lyer sipër. Mbulojeni me mbështjellës plastik. Vendoseni në një vend të ngrohtë, pa dridhje dhe lëreni të ngrihet derisa të dyfishohet, rreth 1 1/2 orë.

4. Hiqeni brumin nga tasi dhe rrafshoni butësisht për të hequr çdo flluskë ajri. Pritini brumin në gjysmë dhe formoni dy topa. Vendosni topat në një sipërfaqe të lyer me miell dhe mbulojeni secilin me një tas. Lëreni të qëndrojë për 1 orë ose derisa të dyfishohet.

5. Vendosni një raft në qendër të furrës. Ngrohni furrën në 400°F. Lyeni me yndyrë një fletë të madhe pjekjeje.

6. Në një sipërfaqe të lyer pak me miell me një okllai, rrafshoni një pjesë të brumit në një rreth 12 inç. Vendosni gjysmën e fetave të djathit mbi brumë. Hidhni sipër gjysmën e proshutës dhe sallamit. Rrotulloni fort brumin dhe mbusheni në një cilindër. Mbërtheni tegelin për ta mbyllur. Vendoseni shtresën e rrotullës nga ana poshtë në fletën e pjekjes. Palosni skajet e brumit nën rrotull. Përsëriteni me pjesën tjetër të përbërësve.

7. Lyejini simitet me përzierjen e të verdhës së vezës. Duke përdorur një thikë, prisni 4 të çara të cekëta të barabarta në pjesën e sipërme të brumit. Piqni për 30 deri në 35 minuta ose derisa të marrin ngjyrë të artë.

8. Transferoni në raftet me tela që të ftohet pak. Shërbejeni të nxehtë, të prerë në feta diagonale. Mbështilleni me fletë metalike dhe ruajeni në temperaturën e dhomës deri në 24 orë ose ngrini deri në 1 muaj.

bukë djathi me arra

bukë nociatus

Bën dy bukë të rrumbullakëta 8 inç

Me sallam, ullinj dhe një shishe verë të kuqe, kjo bukë Umbriane është një vakt i përzemërt. Ky version është i shijshëm, por në Todi, një nga qytetet më të bukura mesjetare në rajon, pata një version të ëmbël që bëhej me verë të kuqe, erëza dhe rrush të thatë dhe piqej në gjethe rrushi.

1 zarf (2 1/2 lugë çaji) maja e thatë aktive ose 2 lugë çaji maja e menjëhershme

2 gota ujë të ngrohtë (100° deri në 110°F)

Rreth 4 1/2 filxhan miell të pazbardhur për të gjitha përdorimet

1 1/2 filxhan miell gruri të plotë

2 lugë çaji kripë

2 lugë gjelle vaj ulliri

1 filxhan pekorino toskan të grirë

1 filxhan arra të grira, të thekura

1. Në një tas mesatar, spërkatni majanë mbi 1 gotë ujë. Lëreni të qëndrojë derisa maja të bëhet kremoze, rreth 2 minuta. I trazojmë derisa majaja të tretet.

2. Në një tas të madh, përzieni së bashku 4 gota miell për përdorim të gjithanshëm, miellin e grurit dhe kripën. Shtoni përzierjen e majave, filxhanin e mbetur me ujë të ngrohtë dhe vajin. I trazojmë me lugë druri derisa të krijohet një brumë i lëmuar. Kthejeni brumin në një sipërfaqe të lyer pak me miell dhe gatuajeni derisa të jetë i qetë dhe elastik, rreth 10 minuta, duke shtuar më shumë miell sipas nevojës për një brumë të lagësht dhe pak ngjitës. (Ose bëjeni brumin në një mikser të rëndë, përpunues ushqimi ose makinë buke duke ndjekur udhëzimet e prodhuesit.)

3. Lyejeni pjesën e brendshme të një tasi të madh. Shtoni brumin duke e kthyer një herë për të lyer sipër. Mbulojeni me mbështjellës plastik dhe lëreni në një vend të ngrohtë derisa të dyfishohet vëllimi, rreth 1 1/2 orë.

4. Lyeni me yndyrë një fletë të madhe pjekjeje. Rrafshoni brumin për të hequr çdo flluskë ajri. Sipër lyeni djathin dhe arrat dhe gatuajeni sa të shpërndahen përbërësit. Ndani brumin në dy pjesë dhe çdo pjesë e formoni në një petë të rrumbullakët. Vendosni bukët disa centimetra larg njëra-tjetrës në fletën e

përgatitur të pjekjes. Mbulojeni me mbështjellës plastik dhe lëreni derisa të dyfishohet vëllimi, rreth 1 orë.

5. Vendoseni raftin e furrës në qendër të furrës. Ngroheni furrën në 400°F. Duke përdorur një brisk rroje me një tehe ose thikë të mprehtë, bëni 3-4 prerje diagonale në sipërfaqen e secilës petë. Piqni derisa të marrin ngjyrë kafe të artë dhe bukët të tingëllojnë të zbrazëta kur trokitni në fund, rreth 40 deri në 45 minuta.

6. Rrëshqitni bukët në një raft teli që të ftohen plotësisht. Shërbejeni në temperaturë ambienti. Mbështilleni me fletë metalike dhe ruajeni në temperaturën e dhomës deri në 24 orë ose ngrini deri në 1 muaj.

rrotulla domate

Panini al Pomodoro

Bën 8 rrotulla

Pasta e domates i ngjyros këto rrotulla në një ngjyrë të kuqe-portokalli mjaft të kuqe dhe shton një nuancë të shijes së domates. Më pëlqen të përdor pastën e domates me forcë të dyfishtë që shitet në tuba si pasta e dhëmbëve. Ka një aromë të këndshme të ëmbël domateje, dhe meqenëse shumica e recetave kërkojnë vetëm një ose dy lugë pastë, mund ta përdorni aq sa ju nevojitet, pastaj mbyllni tubin dhe ruani në frigorifer, ndryshe nga pasta e konservuar e domates.

Edhe pse nuk mendoj shpesh për Veneto-n kur mendoj për domatet, këto role janë të njohura atje.

1 zarf (2 1/2 lugë çaji) maja e thatë aktive ose 2 lugë çaji maja e menjëhershme

1/2 filxhan plus 3/4 filxhan ujë të ngrohtë (100° deri në 110°F)

1 1/4 filxhan pastë domate

2 lugë gjelle vaj ulliri

Rreth 23/4 gota miell të pazbardhur për të gjitha përdorimet

2 lugë çaji kripë

1 lugë çaji rigon të tharë, të grimcuar

1. Në një tas mesatar, spërkatni majanë mbi 1/2 filxhan me ujë. Lëreni të qëndrojë derisa maja të bëhet kremoze, rreth 2 minuta. I trazojmë derisa majaja të tretet. Shtoni pastën e domates dhe pjesën tjetër të ujit dhe përzieni derisa të jetë e qetë. Shtoni vajin e ullirit.

2. Në një tas të madh, përzieni miellin, kripën dhe rigonin.

3. Derdhni lëngun në përbërësit e thatë. Me një lugë druri trazojmë derisa të krijohet një brumë i butë. Kthejeni brumin në një sipërfaqe të lyer pak me miell dhe gatuajeni derisa të jetë i qetë dhe elastik, rreth 10 minuta, duke shtuar më shumë miell sipas nevojës për një brumë të lagësht dhe pak ngjitës. (Ose bëjeni brumin në një mikser të rëndë, përpunues ushqimi ose makinë buke duke ndjekur udhëzimet e prodhuesit.)

4. Lyejeni pjesën e brendshme të një tasi të madh. Shtoni brumin duke e kthyer një herë për të lyer sipër. Mbulojeni me mbështjellës plastik dhe lëreni të pushojë 11/2 orë ose derisa të dyfishohet.

5. Lyeni me yndyrë një fletë të madhe pjekjeje. Rrafshoni brumin për të hequr çdo flluskë ajri. Pritini brumin në 8 pjesë të barabarta. Formoni secilën pjesë në një top. Vendosni topat disa centimetra larg njëri-tjetrit në fletën e pjekjes. Mbulojeni me mbështjellës plastik dhe lëreni derisa të dyfishohet, rreth 1 orë.

6. Vendoseni raftin në qendër të furrës. Ngrohni furrën në 400°F. Piqini derisa kiflet të marrin ngjyrë kafe të artë dhe të tingëllojnë të zbrazëta kur t'i prekni në fund, rreth 20 minuta.

7. Rrëshqitni rrotullat në raft teli për t'u ftohur plotësisht. Shërbejeni në temperaturë ambienti. Ruajeni të mbështjellë në letër alumini deri në 24 orë ose ngrini deri në 1 muaj.

brioshe e vendit

Briosh fshatar

Bën 8 racione

Brumi i pasur me gjalpë dhe vezë, i prezantuar me siguri nga kuzhinierët francezë në Napoli rreth vitit 1700, pasurohet me proshutë dhe djathë të copëtuar. Kjo bukë me shije bën një antipastë të mrekullueshme, ose shërbejeni me një tas sallatë para ose pas një vakti. Kini parasysh që kjo masë rrihet derisa të jetë e lëmuar dhe pa u brumosur.

1 1/2 filxhan qumësht të ngrohtë (100° deri në 110°F)

1 zarf (2 1/2 lugë çaji) maja e thatë aktive ose 2 lugë çaji maja e menjëhershme

4 lugë gjelle (1/2 shkop) gjalpë pa kripë, në temperaturë ambienti

1 luge sheqer

1 lugë çaji kripë

2 vezë të mëdha, në temperaturë ambienti

Rreth 2 1/2 filxhan miell të pazbardhur për të gjitha përdorimet

- ½ filxhan mocarela të freskët të copëtuar, thajeni nëse laget

- 1/2 filxhan provolone të copëtuar

- 1/2 filxhan proshuto të copëtuar

1. Hidhni qumështin në një tas të vogël dhe spërkatni me maja. Lëreni të qëndrojë derisa maja të bëhet kremoze, rreth 2 minuta. I trazojmë derisa majaja të tretet.

2. Në një tas të madh me mikserin ose procesorin e ushqimit, rrihni gjalpin, sheqerin dhe kripën derisa të përzihen. Rrihni vezët. Duke përdorur një lugë druri, shtoni përzierjen e qumështit. Shtoni miellin dhe rrihni derisa të jetë homogjen. Brumi do të jetë ngjitës.

3. Në një sipërfaqe të lyer lehtë me miell, formoni brumin në një top. Mbulojeni me një tas të përmbysur dhe lëreni të pushojë për 30 minuta.

4. Lyejeni me gjalpë dhe miell një tub 10 inç ose tepsi Bundt.

5. Lyejeni lehtë me miell një petull. Hapeni brumin në një drejtkëndësh 22 × 8 inç. Përhapeni djathin dhe mishin mbi brumë, duke lënë një kufi prej 1 inç në anët e gjata. Duke filluar nga ana e gjatë, rrotulloni fort brumin për të formuar një cilindër. Mbërtheni tegelin për ta mbyllur. Vendosni tepjen e

rrotullës nga ana poshtë në tepsi të përgatitur. Mbërtheni skajet së bashku për të vulosur. Mbulojeni tavën me mbështjellës plastik. Lëreni brumin të rritet në një vend të ngrohtë, pa rrymim derisa të dyfishohet, rreth 1 1/2 orë.

6. Vendoseni raftin e furrës në qendër të furrës. Ngrohni furrën në 350°F. Piqini derisa simitet të marrin ngjyrë kafe të artë dhe të tingëllojnë zgavra kur trokitni në fund, rreth 35 minuta.

7. Rrëshqitni bukët në një raft teli që të ftohen plotësisht. Shërbejeni në temperaturë ambienti. Mbështilleni me fletë metalike dhe ruajeni në temperaturën e dhomës deri në 24 orë ose ngrini deri në 1 muaj.

Bukë letre muzikore Sardenjë

Letër muzikore

Bën 8 deri në 12 racione

Fletët e mëdha të bukës së hollë si letra quhen "letër muzikore" në Sardenjë, sepse në një kohë buka, si letra, mbështillej për ruajtje të lehtë. Sardenjët i presin gjethet në copa më të vogla për t'i ngrënë me vakte ose si meze të lehtë me djathë të butë dhie ose dele, ose zhyteni në supë ose sipër me salca si makarona. Mielli i bollgur mund të gjendet në shumë dyqane të specializuara ose në katalogë të tillë si King Arthur Flour Baker's Catalog (shihBurimet).

Rreth 1 1/4 filxhan miell të pazbardhur për të gjitha përdorimet ose bukë

1 1/4 filxhan miell bollgur i imët

1 lugë çaji kripë

1 gotë ujë të vakët

1. Në një tas të madh, kombinoni miellin e bukës për të gjitha përdorimet, miellin e bollgur dhe kripën. Me një lugë druri shtoni ujin derisa masa të formohet një brumë i lëmuar.

2. Grini brumin në një sipërfaqe të lyer pak me miell. Ziejeni brumin, duke shtuar miell shtesë sipas nevojës, për të formuar një brumë të fortë, të lëmuar dhe elastik, rreth 5 minuta. Formoni brumin në një top. Mbulojeni me një tas të përmbysur dhe lëreni të qëndrojë në temperaturën e dhomës për 1 orë.

3. Vendoseni raftin në qendër të furrës. Ngrohni furrën në 450°F.

4. Ndani brumin në gjashtë pjesë. Duke përdorur një okllai në një sipërfaqe të lyer pak me miell, hapni një copë brumi në një rreth 30 cm, aq të hollë sa të mund të shihni dorën përmes saj kur brumi të mbahet në dritë. Vendoseni brumin në petkun për ta ngritur. Vendoseni brumin në një tepsi të palyer me yndyrë, duke u kujdesur që të zbutni çdo rrudhë.

5. Piqni rreth 2 minuta ose derisa pjesa e sipërme e bukës të vendoset. Mbroni njërën dorë me një mbajtëse tenxhere dhe, duke mbajtur një shpatull të madhe metalike në dorën tjetër, kthejeni brumin. Piqni rreth 2 minuta të tjera ose derisa të marrin një ngjyrë të lehtë të artë.

6. Transferoni bukën në një raft teli që të ftohet plotësisht. Përsëriteni me brumin e mbetur.

7. Për ta shërbyer, copëtoni secilën fletë në 2-4 pjesë. Mbani mbetjet në një vend të thatë në një qese plastike të mbyllur fort.

Variacion: Për të shërbyer si meze, ngrohni përsëri bukën në një fletë pjekjeje në një furrë të ulët për 5 minuta ose derisa të ngrohet. Në një pjatë, vendosni copat, duke spërkatur secilën shtresë me vaj ulliri ekstra të virgjër dhe kripë të trashë ose rozmarinë të freskët të copëtuar. Shërbejeni të nxehtë.

Bukë me qepë të kuqe

Focaccia alle Cipolle Rosso

Bën 8 deri në 10 racione

Brumi për këtë focaccia është shumë i lagësht dhe ngjitës, kështu që përzihet plotësisht në një tas që nuk gatuhet. Përziejini me dorë me një lugë druri ose përdorni një mikser elektrik, përpunues ushqimi ose makinë buke të rëndë. Një rritje e ngadaltë dhe e gjatë i jep kësaj buke një aromë të shijshme dhe një strukturë të lehtë ëmbëlsirash. Megjithëse shumica e fokacave kanë shije më të mirë të nxehtë, kjo është aq e lagësht saqë qëndron edhe në temperaturën e dhomës.

1 zarf (2 1/2 lugë çaji) maja e thatë aktive ose maja e menjëhershme

1 1/2 filxhan ujë të ngrohtë (100° deri në 110°F)

1 1/2 filxhan qumësht, në temperaturë ambienti

6 lugë vaj ulliri

Rreth 5 gota miell të pazbardhur për të gjitha përdorimet

2 lugë rozmarinë të freskët të grirë imët

2 lugë çaji kripë

¹1/2 filxhan qepë të kuqe të grirë trashë

1. Në një enë mesatare, spërkatni majanë mbi ujin e ngrohtë. Lëreni të qëndrojë derisa maja të bëhet kremoze, rreth 2 minuta. I trazojmë derisa majaja të tretet. Shtoni qumështin dhe 4 lugë vaj dhe përzieni për t'u bashkuar.

2. Në një tas të madh me një mikser të rëndë ose përpunues ushqimi, kombinoni miellin, rozmarinën dhe kripën. Shtoni masën e majave dhe përzieni derisa të formohet një brumë i butë. Ziejeni derisa të jetë e qetë dhe elastike, rreth 3 deri në 5 minuta. Brumi do të jetë ngjitës.

3. Lyeni me yndyrë një tas të madh. Vendoseni brumin në tas dhe mbulojeni me mbështjellës plastik. Lëreni të ngrihet në një vend të ngrohtë, pa rrymë derisa të dyfishohet, rreth 1 1/2 orë.

4. Lyeni me yndyrë një tavë pjekjeje 13 × 9 × 2 inç. Derdhni brumin në tigan, duke e shpërndarë në mënyrë të barabartë. Mbulojeni me mbështjellës plastik dhe lëreni të ngrihet për 1 orë ose derisa të dyfishohet vëllimi.

5. Vendoseni raftin e furrës në qendër të furrës. Ngrohni furrën në 450°F.

6. Duke përdorur majat e gishtave, shtypni fort në brumë për të bërë gropëza rreth 1 inç larg dhe 1/2 inç të thellë. Lyejeni sipërfaqen me 2 lugët e mbetura vaj ulliri dhe sipër lyeni fetat e qepës. Spërkateni me kripë të trashë. Piqni derisa të jenë të freskëta dhe të arta, rreth 25 deri në 30 minuta.

7. Rrëshqitni fokacën në një raft ftohës. Pritini në katrorë. Shërbejeni të ngrohtë ose në temperaturë ambienti. Ruajeni në temperaturën e dhomës të mbështjellë me letër alumini deri në 24 orë.

Bukë me verë të bardhë

Focaccia me verë

Bën 8 deri në 10 racione

Vera e bardhë i jep kësaj fokacie të stilit Genova një aromë unike. Zakonisht mbulohet me kristale të trashë kripe deti, por nëse preferoni mund ta zëvendësoni sherebelën e freskët ose rozmarinë. Në Xhenova, ajo hahet në të gjitha vaktet, duke përfshirë mëngjesin, me nxënësit e shkollës që marrin një fetë në furrë për ta ngrënë si meze të lehtë të mëngjesit. Brumi për këtë focaccia është shumë i lagësht dhe ngjitës, kështu që përgatitet më së miri në një blender të rëndë ose përpunues ushqimi.

Kjo focaccia është bërë me një fillestar, një kombinim i majasë, miellit dhe ujit që u jep shumë bukës aromë shtesë dhe cilësi të mirë. Hyrja mund të bëhet diku nga 1 orë deri në 24 orë para se të bëni bukën, kështu që planifikoni në përputhje me rrethanat.

1 zarf (2 1/2 lugë çaji) maja e thatë aktive ose 2 lugë çaji maja e menjëhershme

1 filxhan ujë të ngrohtë (100° deri në 110°F)

Rreth 4 gota miell të pazbardhur për të gjitha përdorimet

2 lugë çaji kripë

1/2 filxhan verë të bardhë të thatë

1/4 filxhan vaj ulliri

Shtim

3 lugë vaj ulliri ekstra të virgjër

1 lugë çaji kripë deti të trashë

1. Për të bërë starterin, spërkatni majanë mbi ujë. Lëreni të qëndrojë derisa maja të bëhet kremoze, rreth 2 minuta. I trazojmë derisa majaja të tretet. Rrihni 1 filxhan miell derisa të jetë homogjen. Mbulojeni me mbështjellës plastik dhe lëreni në temperaturën e dhomës për rreth 1 orë ose deri në 24 orë. (Nëse është e nxehtë, vendoseni starterin në frigorifer. Hiqeni rreth 1 orë para se të bëni brumin.)

2. Në një blender të rëndë ose përpunues ushqimi, kombinoni 3 gota miell dhe kripë. Shtoni starterin, verën dhe vajin. Përziejeni brumin derisa të jetë i qetë dhe elastik, rreth 3 deri në 5 minuta. Do të jetë shumë ngjitëse, por mos shtoni më shumë miell.

3. Lyejeni pjesën e brendshme të një tasi të madh. Shtoni brumin. Mbulojeni me mbështjellës plastik dhe lëreni të ngrihet në një

vend të ngrohtë, pa rrymë derisa të dyfishohet vëllimi, rreth 1 1/2 orë.

4. Lyeni me yndyrë një fletë të madhe pjekjeje ose një tepsi me pelte 15 × 10 × 1 inç. Rrafshoni brumin. E vendosim në tigan, duke e rrahur dhe shtrirë me duar që të përshtatet. Mbulojeni me mbështjellës plastik dhe lëreni derisa të dyfishohet, rreth 1 orë.

5. Vendoseni raftin në qendër të furrës. Ngrohni furrën në 425°F. Shtypeni brumin fort me majat e gishtave për të bërë gropëza me një distancë prej rreth 1 inç në të gjithë sipërfaqen. Spërkateni me 3 lugë gjelle vaj. Spërkateni me kripë deti. Piqni për 25 deri në 30 minuta ose derisa të jenë të freskëta dhe të arta.

6. Rrëshqitni fokacën në një raft teli që të ftohet pak. Pritini në katrorë ose drejtkëndësha dhe shërbejeni të nxehtë.

Break me domate të thara në diell

Focaccia di Pomodori Secchi

Bën 8 deri në 10 racione

Domatet e thata, të marinuara dhe të lagura janë ato që mund të përdoren për këtë fokaçe me formë të lirë. Nëse keni vetëm domate të thara që nuk janë rikonstituuar, thjesht thithini ato në ujë të ngrohtë për disa minuta derisa të shëndoshen.

1 lugë çaji maja e thatë aktive

1 filxhan ujë të ngrohtë (100° deri në 110°F)

Rreth 3 gota miell të pazbardhur për të gjitha përdorimet

1 lugë çaji kripë

4 lugë vaj ulliri ekstra të virgjër

8 deri në 10 copa domate të thara në diell të marinuara, të kulluara dhe të prera në katërsh

Një majë rigon i tharë, i grimcuar

1. Spërkateni majanë mbi ujë. Lëreni të qëndrojë derisa maja të bëhet kremoze, rreth 2 minuta. I trazojmë derisa majaja të tretet. Shtoni 2 lugë vaj.

2. Në një tas të madh përzieni miellin dhe kripën. Shtoni masën e majave dhe përzieni me një lugë druri derisa të formohet një brumë i butë.

3. Vendoseni brumin në një sipërfaqe të lyer lehtë me miell. Ziejini derisa të jetë e qetë dhe elastike, rreth 10 minuta, duke shtuar më shumë miell sipas nevojës për të bërë një brumë të lagësht dhe pak ngjitës. (Ose bëjeni brumin në një mikser të rëndë, përpunues ushqimi ose makinë buke duke ndjekur udhëzimet e prodhuesit.) Formoni një top me brumin.

4. Lyejeni pjesën e brendshme të një tasi të madh. Shtoni brumin duke e kthyer një herë për të lyer sipër. Mbulojeni me mbështjellës plastik dhe lëreni të ngrihet në një vend të ngrohtë, pa rrymë derisa të dyfishohet vëllimi, rreth 1 1/2 orë.

5. Lyeni me yndyrë një fletë të madhe pjekjeje ose një tepsi të rrumbullakët 12 inç për pica. Vendoseni brumin në tepsi. Lyeni duart me yndyrë dhe rrafshoni brumin në një rreth 12 inç. Mbulojeni me mbështjellës plastik dhe lëreni derisa të dyfishohet, rreth 45 minuta.

6. Vendoseni raftin e furrës në qendër të furrës. Ngrohni furrën në 450°F. Duke përdorur majat e gishtave, bëni gropëza në brumë rreth 1 inç larg njëra-tjetrës. Shtypni pak domate në secilën gropë. Spërkateni me 2 lugët e mbetura vaj ulliri, duke e lyer me gishta. Spërkateni me rigon. Piqni 25 minuta ose derisa të marrin ngjyrë të artë.

7. Rrëshqitni fokacën në një dërrasë prerëse dhe priteni në katrorë. Shërbejeni të nxehtë.

Bukë romake me patate

pica me patate

Bën 8 deri në 10 racione

Ndërsa romakët hanë shumë pica me mbushje tipike, dashuria e tyre e parë është pica bianca, "pica e bardhë", një bukë e gjatë drejtkëndëshe e ngjashme me fokacën e stilit të Genovas, vetëm më e freskët dhe më e fortë. Pica bianca zakonisht mbulohet vetëm me kripë dhe vaj ulliri, megjithëse ky variacion me patate krokante të prera hollë është gjithashtu popullor.

1 zarf (2 1/2 lugë çaji) maja e thatë aktive ose 2 lugë çaji maja e menjëhershme

1 filxhan ujë të ngrohtë (100° deri në 110°F)

Rreth 3 gota miell të pazbardhur për të gjitha përdorimet

1 lugë çaji kripë dhe më shumë për patatet

6 lugë vaj ulliri

1 kile patate me mish të verdhë, të tilla si Yukon Gold, të qëruara dhe të prera në feta shumë të holla

piper i zi i sapo bluar

1. Spërkateni majanë mbi ujë. Lëreni të qëndrojë derisa maja të bëhet kremoze, rreth 2 minuta. I trazojmë derisa majaja të tretet.

2. Në një tas të madh, kombinoni 3 gota miell dhe 1 lugë çaji kripë. Shtoni përzierjen e majave dhe 2 lugë vaj. Me një lugë druri trazojmë derisa të krijohet një brumë i butë. Kthejeni brumin në një sipërfaqe të lyer pak me miell dhe gatuajeni derisa të jetë i qetë dhe elastik, rreth 10 minuta, duke shtuar më shumë miell sipas nevojës për të bërë një brumë të lagësht, por jo ngjitës. (Ose bëjeni brumin në një mikser të rëndë, përpunues ushqimi ose makinë buke duke ndjekur udhëzimet e prodhuesit.)

3. Lyejeni pjesën e brendshme të një tasi të madh. Shtoni brumin dhe kthejeni një herë për të lyer sipër. Mbulojeni me mbështjellës plastik. Lëreni të ngrihet në një vend të ngrohtë dhe pa rrymë derisa të dyfishohet vëllimi, rreth 1 1/2 orë.

4. Lyeni me yndyrë një tigan 15 × 10 × 1 inç. Rrafshoni butësisht brumin dhe vendoseni në tepsi. Shtrijeni dhe shtrini brumin që të futet në tepsi. Mbulojeni me mbështjellës plastik dhe lëreni derisa të dyfishohet, rreth 45 minuta.

5. Vendoseni raftin në qendër të furrës. Ngroheni furrën në 425°F. Në një tas, hidhni patatet me 4 lugët e mbetura vaj ulliri dhe

kripë e piper për shije. Vendosni fetat sipër brumit, duke u mbivendosur pak.

6. Piqeni 30 minuta. Rriteni nxehtësinë në 450°F. Piqini edhe 10 minuta të tjera ose derisa patatet të jenë të buta dhe të arta. Rrëshqitni picën në një dërrasë dhe priteni në katrorë. Shërbejeni të nxehtë.

Bukë e pjekur në skarë nga Emilia-Romagna

Piadina

Bën 8 bukë

Piadina është një bukë e rrumbullakët e pjekur në një tigan ose gur që është e njohur në Emilia-Romagna. Në qytetet e plazhit përgjatë bregut të Adriatikut, tezga me kanavacë me vija shumëngjyrëshe shfaqen në qoshet e rrugëve gjatë verës. Rreth orës së drekës, kabinat hapen për biznesin dhe operatorët e veshur me uniformë rrotullojnë dhe pjekin piadinë për të porositur në tigane të sheshta. Rreth nëntë centimetra në diametër, piadina e nxehtë paloset në gjysmë, më pas mbushet me djathë, proshutë të prerë në feta, sallam ose perime të skuqura (si p.sh.Escarole me hudhër) dhe hahen si sanduiçe.

Edhe pse piadina zakonisht bëhet me sallo, unë e zëvendësoj vajin e ullirit pasi yndyra e freskët nuk është gjithmonë e disponueshme. Për një antipastë ose rostiçeri, prisni piadinën në copa.

3 1/2 filxhan miell të pazbardhur për të gjitha përdorimet

1 lugë çaji kripë

1 lugë çaji pluhur pjekjeje

1 gotë ujë të vakët

1/4 filxhan sallo të freskët, të shkrirë dhe të ftohur, ose vaj ulliri

Perime të gatuara, mish të prerë në feta ose djathëra

1. Në një tas të madh, përzieni miellin, kripën dhe pluhurin për pjekje. Shtoni ujin dhe yndyrën ose vajin. Me një lugë druri trazojmë derisa të krijohet një brumë i butë. Grini brumin në një sipërfaqe të lyer lehtë me miell dhe gatuajeni brumin për pak kohë derisa të jetë e qetë. Formoni brumin në një top. Mbulojeni me një tas të përmbysur dhe lëreni të qëndrojë 30 minuta deri në 1 orë.

2. Pritini brumin në 8 pjesë të barabarta. Duke i lënë pjesët e mbetura të mbuluara, hapni një pjesë të brumit në një rreth 8 inç. Përsëriteni me pjesën tjetër të brumit, duke vendosur rrathët me një copë letër të dylluar midis secilit.

3. Ngrohni furrën në 250°F. Mbi nxehtësinë mesatare, ngrohni një tigan të madh jo ngjitës ose një tigan për petullat derisa të nxehet shumë dhe një pikë uji të vlojë dhe të zhduket me shpejtësi kur bie në sipërfaqe. Vendosni një rreth brumi në sipërfaqe dhe gatuajeni për 30 deri në 60 sekonda, ose derisa piadina të fillojë të forcohet dhe të marrë ngjyrë kafe të artë.

Kthejeni brumin dhe gatuajeni edhe 30 deri në 60 sekonda, ose derisa ana tjetër të skuqet mirë.

4. E mbështjellim piadinën me letër alumini dhe e mbajmë të ngrohtë në furrë ndërsa rrathët e mbetur të brumit i gatuajmë në të njëjtën mënyrë.

5. Për të shërbyer, vendosni perime ose feta proshuto, sallam ose djathë në anën e një piadine. Palosni piadinën mbi mbushje dhe hajeni si sanduiç.

Shkopinj buke

Grissini

Bëjnë rreth 6 duzina bukë

Një makinë makaronash e pajisur me prerës fetuccine mund të bëjë gjithashtu bukë të gjatë dhe të hollë të quajtur grissini. (Unë gjithashtu jap udhëzime nëse dëshironi ose keni nevojë të prisni brumin e bukës me dorë.) Ndryshoni shijen duke shtuar piper të zi të bluar ose barishte të thata si rozmarinë e copëtuar, trumzë ose rigon në brumë.

1 zarf (2 1/2 lugë çaji) maja e thatë aktive ose 2 lugë çaji maja e menjëhershme

1 filxhan ujë të ngrohtë (100° deri në 110°F)

2 lugë vaj ulliri ekstra të virgjër

Rreth 2 1/2 filxhan miell të pazbardhur për të gjitha përdorimet ose miell buke

1 lugë çaji kripë

2 lugë miell misri të verdhë

1. Në një tas të madh, spërkatni majanë mbi ujë. Lëreni të qëndrojë derisa maja të bëhet kremoze, rreth 2 minuta. I trazojmë derisa majaja të tretet.

2. Shtoni vajin e ullirit. Shtoni 2 1/2 gota miell dhe kripë. I trazojmë derisa të krijohet një brumë i lëmuar.

3. Në një sipërfaqe të lyer pak me miell, gatuajeni brumin derisa të jetë i fortë dhe elastik, rreth 10 minuta, duke shtuar miell shtesë sipas nevojës për të bërë një brumë që nuk ngjit. (Ose bëjeni brumin në një mikser të rëndë, përpunues ushqimi ose makinë buke duke ndjekur udhëzimet e prodhuesit.)

4. Lyejeni pjesën e brendshme të një tasi të madh. Vendoseni brumin në tas duke e kthyer një herë për të lyer sipër. Mbulojeni me mbështjellës plastik dhe lëreni të ngrihet në një vend të ngrohtë, pa rrymë derisa të dyfishohet vëllimi, rreth 1 1/2 orë.

5. Vendosni dy rafte në qendër të furrës. Ngrohni furrën në 350°F. Plurosni dy fletë të mëdha pjekjeje me miell misri.

6. Ziejeni brumin për një kohë të shkurtër për të hequr flluskat e ajrit. Ndani brumin në 6 pjesë. Rrafshoni një copë brumi në një ovale 5 × 4 × 1/4 inç. Spërkateni me miell shtesë në mënyrë që të mos ngjitet. Mbajeni brumin e mbetur të mbuluar.

7. Fusni fundin e shkurtër të brumit në prestarin fetuccine në një makinë makaronash dhe priteni brumin në shirita 1/4 inç. Për të prerë brumin me dorë, rrafshoni me një okllai në një dërrasë prerëse. Pritini në shirita 1/4 inç me një thikë të madhe dhe të rëndë të zhytur në miell.

8. Vendosni shirita 1/2 inç larg njëri-tjetrit në një nga fletët e përgatitura të pjekjes. Përsëriteni me brumin e mbetur. Piqni 20 deri në 25 minuta ose derisa të marrin një ngjyrë të lehtë të artë, duke i kthyer tavat përgjysmë.

9. Ftoheni në tigan mbi raftet me tela. Ruani në një enë hermetike deri në 1 muaj.

unaza kopër

Taralli al Finocchio

Bën 3 duzina unaza

Taralli janë bukë krokante, në formë unaze. Ato mund të kaliten thjesht me vaj ulliri ose me piper të kuq të grimcuar, piper të zi, rigon ose barishte të tjera dhe janë të njohura në të gjithë Italinë jugore. Ka edhe taralli të ëmbël, të cilat janë të mira për t'u zhytur në verë ose kafe. Taralli mund të jetë i vogël sa një nikel ose disa inç në madhësi, por ato janë gjithmonë të përtypura dhe të freskëta. Më pëlqen t'i shërbej me verë dhe djathë.

1 zarf (2 1/2 lugë gjelle) maja e thatë aktive ose 2 lugë çaji maja e menjëhershme

1/4 filxhan ujë të ngrohtë (100° deri në 110°F)

1 filxhan miell të pazbardhur për të gjitha përdorimet

1 filxhan miell bollgur

1 lugë gjelle fara kopër

1 lugë çaji kripë

1/3 filxhan verë të bardhë të thatë

¹1/4 filxhan vaj ulliri

1. Në një gotë matëse, spërkatni majanë mbi ujë. Lëreni të qëndrojë derisa maja të bëhet kremoze, rreth 2 minuta. I trazojmë derisa majaja të tretet.

2. Në një tas të madh përziejmë dy miellrat, finokun dhe kripën. Shtoni përzierjen e majave, verën dhe vajin. Përziejini derisa të formohet një brumë i qetë, rreth 2 minuta. Fërkojeni brumin në një sipërfaqe të lyer pak me miell dhe gatuajeni derisa të jetë e butë dhe elastike, rreth 10 minuta. Formoni brumin në një top.

3. Lyejeni pjesën e brendshme të një tasi të madh. Vendoseni brumin në tas duke e kthyer një herë për të lyer sipër. Mbulojeni dhe lëreni të ngrihet në një vend të ngrohtë, pa dridhje derisa të dyfishohet vëllimi, rreth 1 orë.

4. Ndani brumin në të tretat, pastaj çdo të tretën në gjysmë për të bërë 6 pjesë të barabarta. Duke e mbajtur pjesën tjetër të mbuluar me një tas të përmbysur, ndani njërën pjesë në 6 pjesë të barabarta. Rrokullisni pjesët në copa 4 inç të gjata. Formoni secilën në një unazë, duke i lidhur skajet së bashku për t'u mbyllur. Përsëriteni me brumin e mbetur.

5. Shtroni disa peshqirë kuzhine pa garzë. Mbushni një tigan të madh me ujë përgjysmë. Sillni ujin të vlojë. Shtoni unazat e

brumit disa nga një. (Mos grumbulloni.) Zieni 1 minutë ose derisa unazat të dalin në sipërfaqe. Hiqni unazat me lugë të prerë dhe vendosini në peshqirët e kuzhinës që të kullojnë. Përsëriteni me brumin e mbetur.

6. Vendosni dy rafte në qendër të furrës. Ngrohni furrën në 350°F. Vendosni unazat e brumit 1 inç larg njëra-tjetrës në 2 fletë të mëdha pjekjeje të palyer me yndyrë. Piqni deri në kafe të artë, rreth 45 minuta, duke i kthyer tavat rreth gjysmë. Fikni furrën dhe hapni pak derën. Lërini unazat të ftohen në furrë për 10 minuta.

7. Transferoni unazat në raftet e telit për tu ftohur. Ruani në një enë hermetike deri në 1 muaj.

Unaza bajame dhe piper të zi

Taralli me Mandorle

bën 32 unaza

Sa herë që jam në Napoli, një nga ndalesat e mia të para është në furrën e bukës për të marrë një qese të madhe me këto unaza buke krokante. Ato janë më të shijshme se gjevreku ose ushqimet e tjera dhe janë perfekte për t'u përtypur para ose me vakt. Napolitanët i bëjnë ato me sallo, e cila u jep një shije të mrekullueshme dhe teksturë të shkrirë në gojë, por janë të shkëlqyera edhe me vaj ulliri. Këto qëndrojnë mirë dhe janë të këndshme t'i keni në dorë për shoqërinë.

1 zarf (2 1/2 lugë gjelle) maja e thatë aktive ose 2 lugë çaji maja e menjëhershme

1 filxhan ujë të ngrohtë (100° deri në 110°F)

1/2 filxhan sallo i shkrirë dhe i ftohur, ose vaj ulliri

3 1/2 filxhan miell të pazbardhur për të gjitha përdorimet

2 lugë çaji kripë

2 lugë çaji piper të zi të sapo bluar

1 filxhan bajame të grira hollë

1. Spërkateni majanë mbi ujë. Lëreni të qëndrojë derisa maja të bëhet kremoze, rreth 2 minuta. I trazojmë derisa majaja të tretet.

2. Në një tas të madh, bashkoni miellin, kripën dhe piperin. Shtoni përzierjen e majave dhe sallin. I trazojmë derisa të krijohet një brumë i lëmuar. Kthejeni brumin në një sipërfaqe të lyer pak me miell dhe gatuajeni derisa të jetë e butë dhe elastike, rreth 10 minuta. Gatuani bajamet.

3. Formoni brumin në një top. Mbulojeni brumin me një tas të përmbysur dhe lëreni të ngrihet në një vend të ngrohtë derisa të dyfishohet, rreth 1 orë.

4. Vendosni 2 rafte në qendër të furrës. Ngrohni furrën në 350°F. Shtypni brumin për të hequr flluskat e ajrit. Pritini brumin përgjysmë, më pas ndani përsëri çdo gjysmë, pastaj çdo çerek përgjysmë për të bërë 8 pjesë të barabarta. Duke mbajtur të mbuluar brumin e mbetur, ndajeni 1 copë në 4 pjesë të barabarta. Rrokullisni secilën pjesë në një litar 6 inç. Përdredheni çdo fije 3 herë, më pas formoni një unazë, duke shtrënguar skajet së bashku për t'u mbyllur. Vendosni unazat 1 inç larg njëra-tjetrës në dy fletë pjekjeje të palyera. Përsëriteni me brumin e mbetur.

5. Piqni unazat për 1 orë ose derisa të marrin ngjyrë të artë dhe të freskët, duke i kthyer tavat rreth gjysmës. Fikni zjarrin dhe lërini unazat të ftohen dhe të thahen në furrë për 1 orë.

6. Hiqeni nga furra dhe transferojeni në raftet e telit që të ftohen plotësisht. Ruani në një enë hermetike deri në 1 muaj.

pica e bërë në shtëpi

Pica di Casa

Bën 6 deri në 8 racione

Nëse vizitoni një shtëpi në Italinë jugore, ky është lloji i picës që do t'ju shërbehet. Është krejt ndryshe nga torta e rrumbullakët e llojit piceria.

Një picë e bërë në shtëpi është rreth 3/4 inç e trashë kur piqet në një tigan të madh. Për shkak se tigani është i lyer me vaj, fundi bëhet krokant. Është pjekur vetëm me një spërkatje të lehtë djathi të grirë në vend të mocarelës, e cila do të bëhej shumë e përtypur nëse pica do të shërbehej në temperaturën e dhomës, siç është shpesh. Kjo lloj pice do të qëndrojë mirë ndaj ringrohjes.

Provoni këtë byrek me salsiçe ose lëng mishi me kërpudha dhe shtoni mocarela ose djathë tjetër të shkrirë nëse planifikoni ta hani sapo të jetë pjekur.

meshë

1 zarf (2 1/2 lugë gjelle) maja e thatë aktive ose 2 lugë çaji maja e menjëhershme

1 1⁄4 filxhan ujë të ngrohtë (100° deri në 110°F)

Rreth 3 1⁄2 filxhan miell të pazbardhur për të gjitha përdorimet

2 lugë çaji kripë

2 lugë gjelle vaj ulliri

Shtim

1 recetë (rreth 3 gota)Salcë picaiola

1/2 filxhan Pecorino Romano i sapo grirë

Vaj ulliri

1. Përgatitni brumin: Spërkateni majanë mbi ujë. Lëreni të qëndrojë derisa maja të bëhet kremoze, rreth 2 minuta. I trazojmë derisa majaja të tretet.

2. Në një tas të madh, bashkoni 3 1/2 filxhan miell dhe kripë. Shtoni përzierjen e majave dhe vajin e ullirit. I trazojmë me lugë druri derisa të krijohet një brumë i lëmuar. Hidheni brumin në një sipërfaqe të lyer pak me miell dhe gatuajeni derisa të jetë e butë dhe elastike, duke shtuar më shumë miell nëse është e nevojshme për të bërë një brumë të lagësht por jo ngjitës, rreth 10 minuta. (Ose bëjeni brumin në një mikser të rëndë,

përpunues ushqimi ose makinë buke duke ndjekur udhëzimet e prodhuesit.)

3. Lyejeni lehtë një tas të madh me vaj. Vendoseni brumin në tas duke e kthyer një herë për të lyer sipër. Mbulojeni me mbështjellës plastik. E vendosim në një vend të ngrohtë pa rrymim dhe e lëmë të ngrihet derisa të dyfishohet, rreth një orë e gjysmë.

4. Vendosni një raft në qendër të furrës. Lyeni me yndyrë një tepsi për kifle pelte 15 × 10 × 1 inç. Rrafshoni butësisht brumin. Vendoseni brumin në qendër të tavës dhe shtrijeni dhe rrahni në mënyrë që të përshtatet. Mbulojeni me mbështjellës plastik dhe lëreni të rritet për rreth 45 minuta, ose derisa të fryhet dhe pothuajse të dyfishohet në vëllim.

5. Ndërkohë që brumi po rritet në tigan, përgatisni salcën. Ngrohni furrën në 450°F. Duke përdorur majat e gishtave, shtypeni fort në brumë për të bërë gropëza në intervale 1 inç në të gjithë sipërfaqen. Përhapeni salcën mbi brumë, duke lënë një kufi prej 1/2 inç përreth. Piqeni 20 minuta.

6. Spërkateni me djathë. Spërkateni me vaj. Kthejeni picën në furrë dhe piqni për 5 minuta, ose derisa djathi të shkrihet dhe korja të

marrë ngjyrë kafe të artë. Pritini në katrorë dhe shërbejeni të nxehtë ose në temperaturë ambienti.

Brumë picash në stil napolitan

Bën mjaftueshëm për katër pica 9 inç

Në Napoli, ku bërja e picës është një formë arti, korja ideale e picës është e përtypur dhe pak e freskët, mjaft fleksibël saqë mund të paloset pa plasaritur. Picat napolitane nuk janë as të trasha, as ëmbëlsira, as të holla dhe krokante.

Për të arritur ekuilibrin e duhur me llojin e miellit të disponueshëm në Shtetet e Bashkuara, keni nevojë për një kombinim të miellit të ëmbël me gluten të ulët dhe miellit të gjithanshëm më të fortë dhe me gluten të lartë. Për një kore më të freskët, rrisni sasinë e miellit për të gjitha përdorimet dhe ulni në mënyrë proporcionale sasinë e miellit të kekut. Mielli i bukës, i cili është i pasur me gluten, do ta bënte koren e picës shumë të ashpër.

Brumi i picës mund të përzihet dhe gatuhet në një mikser elektrik ose përpunues ushqimi ose edhe në një makinë buke. Për një strukturë të vërtetë picerie, piqni byrekët direkt në një gur pjekjeje ose pllakë guroreje pa lustër, të disponueshme në dyqanet e enëve të gatimit.

Kjo recetë mjafton për katër pica. Në Napoli, të gjithë marrin picën e tyre, por për shkak se është e vështirë të piqësh më shumë se një *byrek në një kohë në një furrë shtëpiake, unë e pres çdo byrek në copa për ta shërbyer.*

1 lugë çaji maja e thatë aktive ose maja e menjëhershme

1 filxhan ujë të ngrohtë (100 deri në 110°F)

1 filxhan miell ëmbëlsirash të thjeshtë (jo i ngjitur)

Rreth 3 gota miell të pazbardhur për të gjitha përdorimet

2 lugë çaji kripë

1. Spërkateni majanë mbi ujë. Lëreni të qëndrojë derisa maja të bëhet kremoze, rreth 2 minuta. I trazojmë derisa majaja të tretet.

2. Në një tas të madh bashkojmë dy miellrat dhe kripën. Shtoni masën e majave dhe përzieni derisa të formohet një brumë i butë. Kthejeni brumin në një sipërfaqe të lyer pak me miell dhe gatuajeni derisa të jetë i qetë dhe elastik, duke shtuar më shumë miell sipas nevojës për të bërë një brumë të lagësht por jo ngjitës, rreth 10 minuta. (Ose bëjeni brumin në një mikser të rëndë, përpunues ushqimi ose makinë buke duke ndjekur udhëzimet e prodhuesit.)

3. Formoni brumin në një top. E vendosim në një sipërfaqe të lyer me miell dhe e mbulojmë me një tas të përmbysur. Lëreni të

qëndrojë rreth një orë e gjysmë në temperaturën e dhomës ose derisa të dyfishohet.

4. Zbuloni brumin dhe hiqni çdo flluskë ajri. Pritini brumin në gjysmë ose në katërsh, në varësi të madhësisë së picave që do të përgatisni. Formoni secilën pjesë në një top. Vendosni topat disa centimetra larg njëri-tjetrit në një sipërfaqe të lyer me miell dhe mbulojini me një peshqir ose mbështjellës plastik. Lëreni të qëndrojë për 1 orë ose derisa të dyfishohet.

5. Plurosni lehtë sipërfaqen tuaj të punës me miell. Përkulni dhe hapni një copë brumi në një rreth 9-12 inç, rreth 1/4-inç të trashë. Lëreni buzën e brumit pak më të trashë.

6. Pluhuroni bujarisht një lëvozhgë pice ose një fletë pjekjeje pa buzë me miell. Vendosni me kujdes rrethin e brumit në guaskë. Shkundni lëvozhgën për t'u siguruar që brumi të mos ngjitet. Nëse po, ngrini brumin dhe shtoni më shumë miell në guaskë. Brumi është gati për tu mbuluar dhe pjekur sipas recetës tuaj.

Pica me mocarela, domate dhe borzilok

Pica Margherita

Bën katër pica 9-inç ose dy pica 12-inç

Napolitanët e quajnë këtë picë klasike, të bërë me mocarela, salcë domate natyrale dhe borzilok, pica Margherita sipas një mbretëreshe të bukur që shijonte pica në shekullin e 19-të.

1 recetëBrumë picash napolitane, përgatitur në hapin 6

21/2 gotasalcë marinara, në temperaturën e dhomës

12 ons mocarela e freskët, e prerë në feta hollë

Parmigiano-Reggiano i sapo grirë, sipas dëshirës

Vaj ulliri ekstra i virgjer

8 gjethe borziloku të freskët

1. Përgatitni brumin dhe salcën, nëse është e nevojshme. Më pas, 30 deri në 60 minuta para pjekjes, vendosni një gur pice ose pllakë guroreje pa lustër ose fletë pjekjeje në një raft në nivelin më të ulët të furrës. Ndezni furrën në temperaturën e lartë: 500° ose 550°F.

2. Përhapeni brumin me një shtresë të hollë salce, duke lënë një kufi 1/2 inç përreth. Sipër vendosni mocarelën dhe spërkatni me djathin e grirë, nëse përdorni.

3. Hapeni furrën dhe rrëshqitni butësisht brumin nga guaska duke e anuar pak nga pjesa e pasme e gurit dhe duke e tundur butësisht përpara dhe mbrapa. Piqni picën për 6 deri në 7 minuta ose derisa korja të jetë e freskët dhe e artë.

4. Transferoni në një dërrasë prerëse dhe spërkatni me pak vaj ulliri ekstra të virgjër. Pritini 2 gjethe borziloku në copa dhe shpërndani mbi picë. Pritini në copa dhe shërbejeni menjëherë. Bëni më shumë pica në të njëjtën mënyrë me pjesën tjetër të përbërësve.

Variacion: Sipër picës së pjekur hidhet rukola e freskët e copëtuar dhe proshuta e prerë në feta.

Pica me domate, hudhra dhe rigon

Pica Marinara

Bën katër pica 9-inç ose dy 12-inç

Edhe pse ata konsumojnë shumë lloje të ndryshme picash në Napoli, shoqata zyrtare e prodhuesve të picave napolitane sanksionon vetëm dy lloje picash si autentike, pra autentike.Pica me mocarela, domate dhe borzilok, që ka marrë emrin e një mbretëreshe të dashur, është njëra dhe tjetra është pica marinara, e cila pavarësisht nga emri i saj (marinara që do të thotë "nga marinari") bëhet pa butak. Megjithatë, nëse e porositni këtë lloj pice në Romë në vend të Napolit, ka shumë mundësi që ajo të ketë açuge.

Brumë picash në stil napolitan, përgatitur në hapin 6

2 1/2 gotasalcë marinara, në temperaturën e dhomës

1 kanaçe açuge, e kulluar (sipas dëshirës)

rigon i tharë, i grimcuar

3 thelpinj hudhre, te prera holle

Vaj ulliri ekstra i virgjer

1. Përgatitni brumin dhe salcën, nëse është e nevojshme. Më pas, 30 deri në 60 minuta para pjekjes, vendosni një gur pice, pllakë guroreje pa lustër ose fletë pjekjeje në një raft në nivelin më të ulët të furrës. Ndezni furrën në temperaturën e lartë: 500° ose 550°F.

2. Përhapeni brumin me një shtresë të hollë salce, duke lënë një kufi 1/2 inç përreth. Sipër vendosni açugat. E spërkasim me rigon dhe sipër e spërkasim hudhrën.

3. Hapeni furrën dhe rrëshqitni butësisht brumin e guaskës duke e anuar drejt pjesës së pasme të gurit dhe duke e tundur butësisht përpara dhe mbrapa. Piqni picën për 6 deri në 7 minuta ose derisa korja të jetë e freskët dhe e artë.

4. Transferoni në një dërrasë prerëse dhe spërkatni me pak vaj ulliri ekstra të virgjër. Pritini në copa dhe shërbejeni menjëherë. Bëni më shumë pica me përbërësit e mbetur.

Përpara pjekjes, sipër kësaj pice hidhni pepperoni të prera hollë dhe speca djegës turshi të kulluar.

Pica me kërpudha të egra

Pica alla Boscaiola

Bën katër pica 9 inç

Në Piemonte, miqtë e verëbërësve më çuan mua dhe burrin tim në një piceri të hapur nga një burrë nga Napoli. Na bëri një picë të mbushur me dy përbërës vendas, Fontina Valle d'Aosta, një djathë kadifeje me qumësht lope dhe kërpudha të freskëta porcini. Djathi shkrihej bukur dhe plotësonte aromën drusore të kërpudhave. Edhe pse porcini i freskët është i vështirë për t'u gjetur në Shtetet e Bashkuara, kjo pica është ende e përgatitur mirë me lloje të tjera kërpudhash.

Brumë picash në stil napolitan, përgatitur në hapin 6

3 lugë vaj ulliri ekstra të virgjër

1 thelpi hudhër, e prerë hollë

1 kile kërpudha të ndryshme, të tilla si kërpudha të bardha, shiitake dhe gocë deti (ose përdorni vetëm kërpudha të bardha), të prera dhe të prera në feta

1/2 lugë çaji trumzë të freskët të copëtuar ose një majë trumzë të thatë, të thërrmuar

Kripë dhe piper i zi i sapo bluar

2 lugë majdanoz të freskët të grirë

8 ons Fontina Valle d'Aosta, Asiago, ose mocarela, feta hollë

1. Përgatitni brumin, nëse është e nevojshme. Më pas, 30 deri në 60 minuta para pjekjes, vendosni një gur pice, pllakë guroreje pa lustër ose fletë pjekjeje në një raft në nivelin më të ulët të furrës. Ndezni furrën në temperaturën e lartë: 500° ose 550°F.

2. Në një tigan të madh, ngrohni vajin me hudhrën në zjarr mesatar. Shtoni kërpudhat, trumzën dhe kripë e piper sipas shijes dhe gatuajini duke i përzier shpesh derisa lëngjet e kërpudhave të avullojnë dhe kërpudhat të kenë marrë ngjyrë kafe, rreth 15 minuta. Shtoni majdanozin dhe hiqeni nga zjarri.

3. Përhapeni fetat e djathit mbi brumë, duke lënë një kufi prej 1 inç përreth. Sipër i hidhni kërpudhat.

4. Hapeni furrën dhe rrëshqitni butësisht brumin e guaskës duke e anuar mbi gur dhe duke e tundur butësisht përpara dhe mbrapa. Piqni picën për 6 deri në 7 minuta ose derisa korja të jetë e freskët dhe e artë. Spërkateni me pak vaj ulliri ekstra të virgjër.

5. Transferoni në një dërrasë prerëse dhe spërkatni me pak vaj ulliri ekstra të virgjër. Pritini në copa dhe shërbejeni menjëherë. Bëni më shumë pica me përbërësit e mbetur.

kalzonet

Bën 4 kalzona

Në rrugët e Spaccanapolit, pjesa e vjetër e Napolit, mund të keni fatin të hasni në një shitës ambulant që bën calzoni. Fjala do të thotë "çorape e madhe", një përshkrim i duhur i kësaj byreku të mbushur. Një calzone bëhet me një rreth brumi pice të palosur si një rrotull rreth mbushjes. Shitësit ambulantë i skuqin në tenxhere të mëdha me vaj të zier, të vendosura në soba portative. Në piceri, calzoni zakonisht piqen.

1 zarf (2 1/2 lugë çaji) maja e thatë aktive ose 2 lugë çaji maja e menjëhershme

1 1/3 filxhan ujë të ngrohtë (100° deri në 110°F)

Rreth 3 1/2 filxhan miell të pazbardhur për të gjitha përdorimet

2 lugë çaji kripë

2 lugë vaj ulliri, plus më shumë për larjen e sipërme

Të mbushura

1 kile rikota qumështi i skremuar i plotë ose pjesërisht

8 ons mocarela të freskëta, të copëtuara

4 ons proshuto, sallam ose proshutë, të copëtuara

½ filxhan Parmigiano-Reggiano i sapo grirë

1. Në një tas të madh, spërkatni majanë mbi ujë. Lëreni të qëndrojë derisa maja të bëhet kremoze, rreth 2 minuta. I trazojmë derisa majaja të tretet.

2. Shtoni 31/2 gota miell, kripën dhe 2 lugë vaj ulliri. I trazojmë me lugë druri derisa të krijohet një brumë i lëmuar. Kthejeni brumin në një sipërfaqe të lyer pak me miell dhe gatuajeni, duke shtuar më shumë miell nëse është e nevojshme, derisa të jetë e butë dhe elastike, rreth 10 minuta.

3. Lyejeni lehtë një tas të madh me vaj. Vendoseni brumin në tas duke e kthyer përmbys që të lyhet sipër. Mbulojeni me mbështjellës plastik. Vendoseni në një vend të ngrohtë, pa rrymë dhe lëreni të rritet derisa të dyfishohet vëllimi, rreth 1 1/2 orë.

4. Rrafshoni brumin me grusht. Pritini brumin në 4 pjesë. Formoni secilën pjesë në një top. Vendosni topat disa centimetra larg njëri-tjetrit në një sipërfaqe të lyer pak me miell. Mbulojeni lirshëm me mbështjellës plastik dhe lëreni derisa të dyfishohet vëllimi, rreth 1 orë.

5. Ndërkohë përziejmë përbërësit e mbushjes derisa të përzihen mirë.

6. Vendosni dy rafte në qendër të furrës. Ngrohni furrën në 425°F. Lyeni me yndyrë 2 fletë të mëdha pjekjeje.

7. Në një sipërfaqe të lyer lehtë me miell me një okllai, hapni një pjesë të brumit në një rreth 9 inç. Vendosni një të katërtën e mbushjes në mes të rrethit, duke lënë një kufi prej 1/2 inç për vulosje. Palosni brumin për të mbyllur mbushjen, duke shtypur ajrin. Kapni fort skajet për t'u mbyllur. Më pas palosni buzën dhe mbylleni përsëri. Vendosni kalzonën në një nga fletët e pjekjes. Përsëriteni me brumin dhe mbushjen e mbetur, duke i vendosur kalzoni disa centimetra larg njëri-tjetrit.

8. Bëni një çarje të vogël në pjesën e sipërme të çdo kalzone për të lejuar që avulli të dalë. Lyejeni sipër me vaj ulliri.

9. Piqni 35 deri në 40 minuta ose derisa të jenë të freskëta dhe të arta, duke i kthyer tavat rreth gjysmës. Rrëshqiteni në një raft teli për të ftohur 5 minuta. Shërbejeni të nxehtë.

Variacion: Mbushni kalzonin me një kombinim të rikotës, djathit të dhisë, hudhrës dhe borzilokut, ose shërbejeni kalzonin e mbuluar me salcë domate.

Skuqje açuge

Krispeddi di Alici

12 më parë

Këto rrotulla të vogla të mbushura me açuge janë të preferuara në të gjithë Italinë jugore. Crispeddi është një emër kalabrez; Siçilianët i quajnë fanfarichi ose thjesht makarona fritta, "brum i skuqur". Familja siciliane e burrit tim i hante gjithmonë natën e ndërrimit të viteve, ndërsa familjet e tjera i shijojnë gjatë Kreshmës.

1 zarf (2 1/2 lugë çaji) maja e thatë aktive ose 2 lugë çaji maja e menjëhershme

1 1/3 filxhan ujë të ngrohtë (100° deri në 110°F)

Rreth 3 1/2 filxhan miell të pazbardhur për të gjitha përdorimet

2 lugë çaji kripë

1 (2 ons) kanaçe fileto açugeje të sheshta, të kulluara dhe të thara

Rreth 4 ons mocarela, të prera në shirita 1/2 inç të trashë

Vaj vegjetal për tiganisje

1. Spërkateni majanë mbi ujë. Lëreni të qëndrojë derisa maja të bëhet kremoze, rreth 2 minuta. I trazojmë derisa majaja të tretet.

2. Në një tas të madh bashkojmë 31/2 filxhan miell dhe kripë. Shtoni masën e majave dhe përzieni derisa të formohet një brumë i butë. Kthejeni brumin në një sipërfaqe të lyer pak me miell dhe gatuajeni, duke shtuar më shumë miell nëse është e nevojshme, derisa të jetë e butë dhe elastike, rreth 10 minuta.

3. Lyeni me yndyrë një tas të madh. Vendoseni brumin në tas duke e kthyer një herë për të lyer sipër. Mbulojeni me mbështjellës plastik. Vendoseni në një vend të ngrohtë, pa rrymë dhe lëreni derisa të dyfishohet vëllimi, rreth 1 orë.

4. Rrafshoni brumin për të hequr çdo flluskë ajri. Pritini brumin në 12 pjesë. Vendoseni 1 copë në një sipërfaqe të lyer lehtë me miell, duke i mbajtur pjesët e mbetura të mbuluara.

5. Hapeni brumin në një rreth me diametër rreth 5 inç. Vendosni një copë açuge dhe një copë mocarela në qendër të rrethit. Ngrini skajet e brumit dhe i shtypni së bashku rreth mbushjes, duke formuar një pikë si një çantë monedhash. Rrafshoni majën, duke shtypur ajrin. Kapni shtresën për ta mbyllur fort. Përsëriteni me pjesën tjetër të përbërësve.

6. Rreshtoni një tabaka me peshqir letre. Hidhni aq vaj sa të arrijë 1/2 inç thellësi në një tigan të madh e të rëndë. Ngrohni vajin mbi nxehtësinë mesatare. Shtoni disa role në të njëjtën kohë, duke i vendosur nga ana e tegelit poshtë. Skuqini simitet, duke i rrafshuar me pjesën e pasme të një shpatulle, deri në kafe të artë, rreth 2 minuta nga secila anë. Kullojini në peceta letre. Spërkateni me kripë.

7. Skuqni rolet e mbetura në të njëjtën mënyrë. Lëreni të ftohet pak para se ta shërbeni.

Shënim:Kini kujdes kur i kafshoni; pjesa e brendshme qëndron shumë e nxehtë ndërsa e jashtme ftohet.

Rrotullimet e domates dhe djathit

Panzerotti Pugliese

Bën 16 xhiro

Empanadat e vogla, të ngjashme me skuqjet e mëparshme të açuges, janë një specialitet i Dora Marzovilla, e cila vjen nga Pulia. Ai i bën ato çdo ditë për restorantin e familjes së tij, I Trulli, në New York City. Këto mund të bëhen me ose pa açuge.

1 recetë brumi për skuqje (ngaSkuqje açuge)

3 domate kumbulla, të prera dhe të prera

Kripë

4 oce mocarela e freskët, e prerë në 16 copa

Vaj vegjetal për tiganisje

1. Përgatisni brumin. Më pas, prisni domatet në gjysmë dhe shtrydhni lëngun dhe farat. Pritini domatet dhe i rregulloni me kripë dhe piper.

2. Pritini brumin në katërsh. Pritini çdo çerek në 4 pjesë. Duke e mbajtur brumin e mbetur të mbuluar, hapeni një pjesë në një

rreth 4 inç. Në njërën anë të rrethit vendosni 1 lugë çaji domate dhe një copë mocarela. Palosni gjysmën tjetër të brumit mbi mbushje për të formuar një gjysmëhënës. Shtypni ajrin dhe bashkojini skajet që të mbyllen. Shtrydhni skajet fort me një pirun.

3. Rreshtoni një tabaka me peshqir letre. Në një tenxhere të rëndë ose në një tigan të thellë, ngrohni të paktën 1 inç vaj në 375°F në një termometër të skuqur thellë ose derisa një copë bukë 1 inç të skuqet në 1 minutë. Hidhini me kujdes petat disa nga një në vajin e nxehtë. Lini hapësirë të mjaftueshme midis tyre që të mos preken. Kthejini petat një ose dy herë dhe gatuajeni derisa të marrin ngjyrë kafe të artë, rreth 2 minuta nga çdo anë.

4. Transferoni petat në peshqir letre për t'u kulluar. Spërkateni me kripë. Shërbejeni të nxehtë.

Shënim: Kini kujdes kur i kafshoni; pjesa e brendshme qëndron shumë e nxehtë ndërsa e jashtme ftohet.

kek pashke

Pica Rustica ose Pizza Chiene

Bën 12 racione

Shumica e italianëve të jugut përgatisin një ose një tjetër version të kësaj torte të pasur dhe të shijshme për Pashkë. Disa nga tortat bëhen me brumë majaje dhe të tjerat përdorin një brumë tarte të ëmbëlsuar. Vezët e ziera shpesh i shtohen mbushjes dhe çdo kuzhinier ka kombinimin e tij të preferuar të djathrave dhe salsiçeve. Kështu e bënte gjyshja tortën e Pashkëve.

Pizza rustica njihet gjithashtu si pizza chiene (shqiptohet "gheen pizza"), një formë dialektore e pica ripiene, që do të thotë byrekë "e mbushur" ose "e plotë". Zakonisht hahet në piknikun e së hënës së Pashkëve që familjet planifikojnë të festojnë ardhjen e pranverës. Për shkak se është kaq i pasur, një pjesë e vogël shkon shumë.

Korteksi

4 gota miell të pazbardhur për të gjitha përdorimet

1 1/2 lugë çaji kripë

1 1/2 filxhan shkurtues të ngurtë perimesh

¹1/2 filxhan (1 shkop) gjalpë pa kripë, i ftohur dhe i prerë në copa

2 vezë të mëdha, të rrahura

3 deri në 4 lugë ujë akull

Të mbushura

8 ons sallam i ëmbël italian, zorrë e hequr

3 vezë të mëdha, të rrahura lehtë

1 filxhan Parmigiano-Reggiano ose Pecorino Romano i sapo grirë

2 paund rikota e plotë ose e skremuar, e kulluar gjatë natës (shih shiritin anësorKulloni rikotën)

8 oce mocarela e freskët, e prerë në kubikë të vegjël

4 oce proshuto, të prera në kubikë të vegjël

4 okë proshutë të gatuar, të prerë në kubikë të vegjël

4 ons sopressata, të prera në kubikë të vegjël

Lustër

1 vezë e rrahur lehtë

1. Përgatitni koren: Bashkoni miellin dhe kripën në një tas. Pritini në prerje dhe lyeni gjalpin me mikser ose pirun derisa masa të ngjajë me thërrime të trashë. Shtoni vezët dhe përzieni derisa të formohet një brumë i qetë. Hidhni pak nga përzierja me dorën tuaj dhe shtrydhni shpejt derisa të qëndrojë së bashku. Përsëriteni me pjesën tjetër të brumit derisa përbërësit të qëndrojnë së bashku dhe të formojnë një top të lëmuar. Nëse përzierja duket shumë e thatë dhe e brishtë, shtoni pak ujë akull. Mblidhni brumin në dy disqe, njëri tre herë më i madh se tjetri. Mbështilleni çdo disk me mbështjellës plastik. Lëreni në frigorifer për 1 orë deri në natën.

2. Për të bërë mbushjen, gatuajeni mishin e sallamit në një tigan të vogël mbi nxehtësinë mesatare, duke e përzier herë pas here, derisa të mos jetë më rozë, rreth 10 minuta. Hiqeni mishin me një lugë të prerë. Pritini mishin në një dërrasë.

3. Në një tas të madh, rrihni vezët dhe Parmigiano derisa të përzihen mirë. Shtoni rikotën, mishin e sallamit, mocarelën dhe mishin e prerë në kubikë.

4. Vendoseni raftin e furrës në të tretën e poshtme të furrës. Ngrohni furrën në 375°F. Në një sipërfaqe të lyer pak me miell me një petull të lyer me miell, hapni pjesën e madhe të brumit për të formuar një rreth 14 inç. Vendoseni brumin në tepsi.

Transferojeni brumin në një tigan 9 inç në formë sustë, duke e shtypur butësisht në fund dhe në anët e tepsisë. Derdhni mbushjen në tigan.

5. Hapeni pjesën e mbetur të brumit në një rreth 9 inç. Duke përdorur një rrotë pastiçerie me flakë, prisni brumin në shirita 1/2 inç. Vendosni gjysmën e shiritave një inç larg njëra-tjetrës mbi mbushjen. Kthejeni tavën në një të katërtën e rrugës dhe vendosni sipër shiritat e mbetur duke bërë një model grilë. Kapni skajet e shtresave të sipërme dhe të poshtme të brumit për t'u mbyllur. Lyejeni brumin me glazurën e vezëve.

6. Piqeni byrekun për 1 deri në 11/4 orë ose derisa korja të marrë ngjyrë kafe të artë dhe mbushja të fryhet. Ftoheni tortën në tepsi në një raft teli për 10 minuta. Hiqni anët e tiganit dhe lëreni të ftohet plotësisht. Shërbejeni të ngrohtë ose në temperaturë ambienti. Mbulojeni fort dhe ruajeni në frigorifer deri në 3 ditë.

Sallatë me oriz dhe karkaleca

Insalata di Riso me Gamberin

Bën 4 racione

Fiumicino, në periferi të Romës, njihet më së miri si vendndodhja e një prej aeroporteve më të mëdha të Italisë, i quajtur pas artistit Leonardo Da Vinci. Por Fiumicino është gjithashtu një port detar, ku romakëve u pëlqen të shkojnë gjatë verës për të shijuar erën e freskët dhe për të ngrënë në një nga restorantet e shkëlqyera të detit përgjatë bregdetit. Në Bastianelli al Molo, ne ulemi në tarracë nën një ombrellë të madhe të bardhë dhe shikojmë detin. Kam pasur një vakt me shumë pjata që përfshinte këtë sallatë të thjeshtë me oriz dhe karkaleca.

Orizi i gatuar me kokrra të gjata ngurtësohet kur vendoset në frigorifer, ndaj bëni këtë sallatë pak para se të planifikoni ta shërbeni.

2 gota oriz me kokërr të gjatë

⅓ filxhan vaj ulliri ekstra të virgjër

3 lugë gjelle lëng limoni të freskët

1 kile karkaleca të mesme, të prera dhe të deveinuara

1 tufë rukola

2 domate mesatare, të prera në copa

1. Sillni 4 gota ujë të ziejnë në një tenxhere të madhe. Shtoni orizin dhe 1 lugë çaji kripë. I trazojmë mirë. Ulni nxehtësinë në minimum, mbuloni tiganin dhe gatuajeni derisa orizi të jetë i butë, 16 deri në 18 minuta. Hidheni orizin në një tas të madh për servirje.

2. Në një tas të vogël, përzieni vajin, lëngun e limonit dhe kripën dhe piperin për shije. Shtoni gjysmën e salcës në oriz dhe lëreni të ftohet.

3. Pritini kërcellet e forta nga rukola dhe hidhni çdo gjethe të zverdhur ose të mavijosur. Lani rukolën në disa ndërrime me ujë të ftohtë. Thahen shumë mirë. Pritini rukolën në copa të vogla.

4. Sillni 2 litra ujë në një tenxhere mesatare. Shtoni karkalecat dhe kripën për shije. Lërini të ziejnë dhe gatuajeni derisa karkalecat të jenë rozë dhe të sapo gatuara, rreth 2 minuta. Kullojeni dhe ftohni nën ujë të rrjedhshëm.

5. Pritini karkalecat në copa të vogla. Shtoni karkalecat dhe rukolën në oriz. Shtoni pjesën tjetër të salcës dhe përzieni mirë.

Shijoni dhe rregulloni erëzat. Dekoroni me domate. Shërbejeni menjëherë.

Sallatë me karkaleca, portokall dhe açuge

Insalata di Gamberi, Arancia dhe Acciughe

Bën 4 racione

Një nga restorantet e mia të preferuara veneciane është La Corte Sconta, "oborri i fshehur". Pavarësisht nga emri i saj, nuk është shumë e vështirë për t'u gjetur, pasi është një trattoria shumë e njohur, që shërben një menu të caktuar të të gjitha pjatave me ushqim deti. Kjo sallatë, pikante me mustardë Dijon, është frymëzuar nga një që hëngra atje.

1 qepë e vogël e kuqe, e prerë hollë

2 lugë çaji mustardë Dijon

1 thelpi hudhër, e shtypur lehtë

4 lugë çaji lëng limoni të freskët

1 1/4 filxhan vaj ulliri ekstra të virgjër

1 lugë çaji rozmarinë të freskët të copëtuar

Kripë dhe piper i zi i sapo bluar

24 karkaleca të mëdhenj, të qëruar dhe të deveinuar

4 portokall kërthizë, të qëruara, të bardha të hequra dhe të prera në feta

1 (2 ons) kanaçe fileto açuge, të kulluara

1. Vendosim qepën në një tas mesatar të mbushur me ujë shumë të ftohtë për ta mbuluar. Lëreni të qëndrojë 10 minuta. Kullojeni qepën dhe mbulojeni sërish me ujë shumë të ftohtë dhe lëreni të qëndrojë edhe 10 minuta. (Kjo do ta bëjë shijen e qepës më pak të fortë.) Thajeni qepën.

2. Në një tas të madh, përzieni mustardën, hudhrën, lëngun e limonit, vajin dhe rozmarinën me kripë dhe piper të zi të sapo bluar për shije.

3. Në një tenxhere mesatare me ujë, vendoseni të vlojë mbi nxehtësinë mesatare. Shtoni karkalecat dhe kripën për shije. Gatuani derisa karkalecat të marrin ngjyrë rozë dhe të gatuhen, rreth 2 minuta në varësi të madhësisë së tyre. Kullojeni dhe ftohni nën ujë të rrjedhshëm.

4. Shtoni karkalecat në tasin me salcë dhe përziejini mirë. Rregulloni lakërishten në pjata për servirje. Sipër i hidhni fetat e portokallit. Hidhni karkaleca dhe salcë mbi portokall. Përhapeni fetat e qepës sipër. Shërbejeni menjëherë.

Sallatë me sardele dhe rukola

Salata con le Sarde

Bën 2 porcione

Kjo sallatë bazohet në një sallatë që kam provuar në Romë, e cila është servirur në një fetë të trashë buke të thekur dhe është shërbyer si brusketë. Edhe pse më pëlqeu kombinimi, ishte i vështirë për t'u ngrënë. Bukën preferoj ta shërbej si pjatë anësore. Sardelet e konservuara të paketuara në vaj ulliri kanë një aromë të shijshme tymi që i shton shumë kësaj sallate të thjeshtë.

1 tufë e madhe rukole

2 lugë gjelle vaj ulliri

1 lugë gjelle lëng limoni të freskët

Kripë dhe piper i zi i sapo bluar

½ filxhan ullinj të zinj të kuruar, të papastër dhe të prerë në 2 ose 3 pjesë

1 (3 ons) kanaçe sardele në vaj ulliri

2 qepë të njoma, të prera hollë

4 feta buke italiane te thekur

1. Pritini kërcellet e forta nga rukola dhe hidhni çdo gjethe të zverdhur ose të mavijosur. Lani rukolën në disa ndërrime me ujë të ftohtë. Thahen shumë mirë. Pritini rukolën në copa të vogla.

2. Në një tas të madh, përzieni vajin, lëngun e limonit dhe kripën dhe piperin për shije. Shtoni rukolën, ullinjtë, sardelet dhe qiqrat dhe përziejini mirë. Shijoni dhe rregulloni erëzat.

3. Shërbejeni menjëherë me bukën e thekur.

Sallatë me fiston të pjekur në skarë

Salata di Capesante alla Griglia

Bën 3 deri në 4 porcione.

Fiston të mëdhenj e të shëndoshë piqen të shijshëm në skarë dhe shërbehen në një shtrat me zarzavate dhe domate të buta. Fiston mund të gatuhet në skarë në natyrë, por unë e bëj këtë sallatë gjatë gjithë vitit, kështu që më shpesh i gatuaj fiston në një tigan grill. Kjo sallatë është frymëzuar nga një sallatë që kam shijuar shpesh në I Trulli Restaurant dhe Enoteca në Nju Jork.

Vaj ulliri

1 kile fiston të mëdhenj, të shpëlarë

2 lugë gjelle lëng limoni të freskët

Kripë dhe piper i zi i sapo bluar

2 lugë borzilok të freskët të grirë

1 lugë gjelle mente të freskët të copëtuar

2 domate të mëdha të pjekura, të prera në copa të vogla

6 gota zarzavate sallatë për fëmijë, të prera në copa të vogla

1. Nxehni një tigan me skarë mbi nxehtësinë mesatare deri në të lartë derisa një pikë uji të ziejë ndërsa bie në sipërfaqe. Lyejeni tiganin lehtë me vaj.

2. Thajmë fiston dhe vendosim në tigan. Gatuani derisa fiston të skuqet lehtë, rreth 2 minuta. Ktheni fiston dhe gatuajini deri në kafe të artë dhe pak të tejdukshme në qendër, 1 deri në 2 minuta të tjera.

3. Në një tas të madh përzieni lëngun e limonit me 3 lugë vaj. Shtoni fiston dhe përziejini mirë. Lëreni të qëndrojë 5 minuta, duke e përzier një ose dy herë.

4. Shtoni barishtet dhe domatet në fiston dhe përziejini butësisht.

5. Rregulloni marulen në pjata për servirje. Spërkateni me përzierjen e fistonit dhe shërbejeni menjëherë.

sallatë me gaforre veneciane

Salata di Granseola

Bën 6 racione

Venecia ka shumë bare vere, të quajtur bacari, ku njerëzit mblidhen për të takuar miqtë mbi një gotë verë dhe pjata të vogla me ushqim. Kjo sallatë delikate e bërë nga gaforre të mëdha të quajtur granseole shpesh shërbehet si një majë për crostini. Në restorantet më formale, do ta gjeni të servirur në mënyrë elegante në gota radichio. Është një meze e mirë për një vakt veror.

2 lugë majdanoz të freskët të grirë

1 1/4 filxhan vaj ulliri ekstra të virgjër

2 lugë gjelle lëng limoni të freskët

Kripë dhe piper i zi i sapo bluar për shije.

1 kile mish gaforre e freskët, e prerë

gjethet e radicios

1. Në një tas mesatar, përzieni majdanozin, vajin, lëngun e limonit dhe kripën dhe piperin sipas shijes. Shtoni mishin e gaforres dhe trazojeni mirë. Më pëlqen të sezonoj.

2. Rendisim gjethet e radiçit në pjata për servirje. Vendoseni sallatën në gjethe. Shërbejeni menjëherë.

Sallatë me kallamar me rukola dhe domate

Sallatë kalamari

Bën 6 racione

Prerjet e kryqëzuara në sipërfaqen e kalamarit (kalamarit) bëjnë që copat të përkulen fort ndërsa gatuhen. Kjo jo vetëm që e zbut kalamarin, por edhe e bën atë shumë tërheqës.

Për shije më të mirë, marinojini mirë. Kalamarin mund ta përgatisni deri në tre orë përpara.

1 1/2 paund kalamarë (kalamari) të pastruara

2 thelpinj hudhre te grira

2 lugë majdanoz të freskët të grirë

5 lugë vaj ulliri

2 lugë gjelle lëng limoni të freskët

Kripë dhe piper i zi i sapo bluar

1 tufë e madhe rukole

1 luge uthull balsamike

1 filxhan domate qershi ose rrush, të përgjysmuar

1. Pritini kalamaret për së gjati dhe hapini ato. Me një thikë të mprehtë, shënoni trupat, duke bërë vija diagonale rreth 1/4 inç larg njëra-tjetrës. Rrotulloni thikën dhe bëni vija diagonale në drejtim të kundërt, duke formuar një model të kryqëzuar. Pritini çdo kallamar në katrorë 2 inç. Pritini bazën e secilit grup tentakulash në gjysmë. I shpëlajmë dhe i kullojmë copat dhe i vendosim në një enë.

2. Shtoni hudhrën, majdanozin, 2 lugë vaj ulliri, lëngun e limonit dhe kripën dhe piperin sipas shijes dhe përziejini mirë. Mbulojeni dhe marinoni deri në 3 orë para gatimit.

3. Transferoni kalamarin dhe marinadën në një tigan të madh. Gatuani mbi nxehtësi mesatare-të lartë, duke e përzier shpesh, vetëm derisa kalamari të jetë i errët, rreth 5 minuta.

4. Pritini kërcellet e forta nga rukola dhe hidhni çdo gjethe të zverdhur ose të mavijosur. Lani rukolën në disa ndërrime me ujë të ftohtë. Thahen shumë mirë. Pritini rukolën në copa të vogla. Vendosni rukolën në një tas.

5. Në një tas të vogël, rrihni së bashku 3 lugët e mbetura vaj dhe uthull, kripë dhe piper për shije. Hidhni sipër rukolën dhe

përziejini mirë. Rregulloni kallamarët sipër rukolës. Shpërndani sipër domatet dhe shërbejeni menjëherë.

Sallatë me karavidhe

Salata di Aragosta

Bën 4 deri në 6 racione

Sardenja është e famshme për ushqimet e detit, veçanërisht karavidhe, të njohur si astice dhe karkaleca të ëmbël. Burri im dhe unë hëngrëm këtë sallatë të freskët në një trattoria të vogël bregdetare në Alghero, ndërsa shikonim peshkatarët që po riparonin rrjetat e tyre për punën e të nesërmes. Njëri u ul në bankën e të akuzuarve zbathur. Me gishtërinjtë e saj, ajo kapi njërin skaj të rrjetës dhe e mbajti të tendosur në mënyrë që të dyja duart të ishin të lira për të qepur.

Kjo sallatë mund të jetë një vakt i plotë ose një pjatë e parë. Një shishe vernaccia e ftohtë sardineze do të ishte shoqërimi perfekt.

Disa tregje peshku do të gatuajnë karavidhe për ju, duke ju kursyer një hap.

4 karavidhe (rreth 1 1/4 paund secili)

1 qepë e kuqe mesatare, e përgjysmuar dhe e prerë hollë

6 gjethe borziloku

4 brinjë selino për bebe, të prera hollë

Rreth 1/2 filxhan vaj ulliri ekstra të virgjër

2 deri në 3 lugë lëng limoni të freskët

Kripë dhe piper i zi i sapo bluar

Gjethet e marules

8 feta të holla bukë italiane me kore

1 thelpi hudhër

3 domate të mëdha të pjekura, të prera në copa

1. Vendosni një raft ose shportë me avull në fund të një tenxhere mjaft të madhe për të mbajtur të katër karavidhet. (Një tenxhere 8 ose 10 litra duhet të funksionojë.) Shtoni ujë derisa të arrijë pak poshtë raftit. Sillni ujin të vlojë. Shtoni karavidhet dhe mbulojeni tenxheren. Kur uji të vlojë dhe nga tenxherja të dalë avulli, gatuajini karavidhet për 10 minuta ose më shumë, në varësi të madhësisë së tyre. Transferoni karavidhet në një pjatë dhe lërini të ftohen.

2. Vendosni qepën në një tas të vogël dhe mbulojeni me ujë akull. Lëreni të qëndrojë 15 minuta. Zëvendësoni ujin dhe lëreni të qëndrojë edhe 15 minuta. Kullojeni dhe thajeni.

3. Ndërkohë, hiqni mishin e karavidheve nga lëvozhga. Thyeni bishtat e karavidheve. Duke përdorur gërshërët e shpendëve, hiqni guaskën e hollë që mbulon mishin e bishtit. Goditni kthetrat me anën e mprehtë të thikës për t'i thyer ato. Hap kthetrat. Hiqeni mishin me gishta. Pritini mishin në feta të holla dhe vendoseni në një tas të madh.

4. Vendosni gjethet e borzilokut dhe pritini në mënyrë tërthore në shirita të hollë. Shtoni borzilokun, selinon dhe qepën në tasin me karavidhe. Spërkateni me 1/4 filxhani vaj dhe lëng limoni dhe spërkateni me kripë dhe piper sipas shijes. Përziejini mirë. Masën e karavidheve e rregullojmë në katër pjata të veshura me gjethe marule.

5. Skuqeni bukën dhe më pas fërkojeni me një thelpi hudhër të copëtuar. Lyejeni tostin me vajin e mbetur dhe spërkatni me kripë. Zbukuroni pjatën me tostin dhe fetat e domateve. Shërbejeni menjëherë.

Sallatë me ton dhe fasule toskane

Insalata di Tonno alla Toscana

Bën 6 racione

Kuzhinierët toskanë janë të njohur për aftësinë e tyre për të gatuar fasule në perfeksion. E butë, kremoze dhe plot shije, fasulet e kthejnë një pjatë të zakonshme në diçka të veçantë, si kjo sallatë klasike. Nëse e gjeni, blini ventresca di tonno, bark ton, të konservuar në vaj ulliri të mirë. Barku konsiderohet pjesa më e mirë e tonit. Është më e shtrenjtë, por plot shije, me një teksturë mishi.

3 lugë vaj ulliri ekstra të virgjër

1 deri në 2 lugë lëng limoni të freskët

Kripë dhe piper i zi i sapo bluar

3 filxhanë fasule kanelini të gatuara ose të konservuara, të kulluara

2 brinjë selino për bebe, të prera hollë

1 qepë e kuqe e vogël, e prerë në feta shumë të holla

2 (7 ons) kanaçe ton italian të paketuar në vaj ulliri

2 deri në 3 endive belge, të prera dhe të ndara në shtiza

1. Në një tas të mesëm, përzieni vajin, lëngun e limonit dhe kripën sipas shijes dhe pak piper.

2. Shtoni fasulet, selinon, qepën dhe tonin. I trazojmë mirë.

3. Renditni bishtat e endive në një tas. Hidhni sipër sallatën. Shërbejeni menjëherë.

Sallatë me ton me kuskus

Insalata di Tonno e Cuscusu

Bën 4 racione

Kuskusi hahet në rajone të ndryshme italiane, duke përfshirë pjesë të Siçilisë dhe Toskanës. Çdo vit, qyteti sicilian i San Vito lo Capo organizon një festival kuskusi që tërheq qindra mijëra vizitorë nga e gjithë bota. Tradicionalisht, kuskusi gatuhet me një shumëllojshmëri ushqimesh deti, mishi ose perimesh dhe shërbehet i nxehtë. Kjo sallatë e shpejtë me ton dhe kuskus është një pjatë moderne dhe e kënaqshme.

1 filxhan kuskus me gatim të shpejtë

Kripë

2 lugë borzilok të freskët të grirë

3 lugë vaj ulliri

2 lugë gjelle lëng limoni

piper i zi i sapo bluar

1 (7 ons) kanaçe ton italian i paketuar në vaj ulliri

2 brinjë selino për bebe, të copëtuara

1 domate të grirë

1 kastravec i vogël, i qëruar, i prerë dhe i prerë

1. Gatuani kuskusin me kripë për shije, sipas udhëzimeve të paketimit.

2. Në një tas të vogël përzieni borzilokun, vajin, lëngun e limonit dhe kripën dhe piperin sipas shijes. Shtoni kuskusin e ngrohtë. Përziejini mirë. Shijoni dhe rregulloni erëzat. Kulloni tonin dhe vendoseni në tasin me selino, domate dhe kastravec.

3. I trazojmë mirë. Shijoni dhe rregulloni erëzat. Shërbejeni në temperaturën e dhomës ose ftohuni në frigorifer për pak kohë.

Sallatë ton me fasule dhe rukola

Insalata di Tonno, Fagioli dhe Rucola

Bën 2 deri në 4 porcione

Mendoj se mund të shkruaj një libër të tërë mbi sallatat e mia të preferuara me ton. Kjo është ajo që bëj shpesh për një drekë ose darkë të shpejtë.

1 tufë e madhe rukole ose lakërishtë

2 gota kanelina të gatuara ose të konservuara ose fasule boronicë, të kulluara

1 (7 ons) kanaçe ton italian i paketuar në vaj ulliri

1/4 filxhan qepë të kuqe të copëtuar

2 lugë gjelle kaperi të shpëlarë dhe të kulluar

1 lugë gjelle lëng limoni të freskët

Kripë dhe piper i zi i sapo bluar

Feta limoni për të dekoruar

1. Pritini kërcellet e forta nga rukola ose lakërishta dhe hidhni çdo gjethe të zverdhur ose të mavijosur. Lani rukolën në disa

ndërrime me ujë të ftohtë. Thahen shumë mirë. Pritini perimet në copa sa një kafshatë.

2.Në një tas të madh sallate, bashkoni fasulet, tonin dhe vajin e tij, qepën e kuqe, kaperin dhe lëngun e limonit. Përziejini mirë.

3.Shtoni perimet dhe shërbejeni të zbukuruar me copa limoni.

Sallatë me ton të premten në mbrëmje

Salata di Venerdi Sera

Bën 4 racione

Ishte një kohë kur të premtet ishin ditë pa mish në shtëpitë katolike. Darka në shtëpinë tonë zakonisht përbëhej nga makarona dhe fasule dhe kjo sallatë e lehtë.

1 (7 ons) kanaçe ton italian i paketuar në vaj ulliri

2 brinjë selino me gjethe, të prera dhe të prera në feta

2 domate mesatare, të prera në copa të vogla

2 vezë të ziera, të qëruara dhe të prera në katër pjesë

3 deri në 4 feta qepë të kuqe, të prera hollë dhe të prera në katër pjesë

majë rigon të tharë

2 lugë vaj ulliri ekstra të virgjër

1/2 kokë e mesme marule rome, e shpëlarë dhe e tharë

Feta limoni

1.Vendoseni tonin me vajin e tij në një tas të madh. Thyejeni tonin në copa me një pirun.

2.Shtoni selinon, domatet, vezët dhe qepën tek tonin. I spërkasim me rigon dhe vaj ulliri dhe i hedhim lehtë.

3.Vendosni gjethet e marules në një tas. Hidhni sipër sallatën me ton. E zbukurojmë me copa limoni dhe e shërbejmë menjëherë.

Dressing Gorgonzola dhe Lajthia

Salcë Gorgonzola dhe Nocciole

Bën rreth 2/3 filxhan

Unë e kisha këtë salcë në Piemonte, ku shërbehej në gjethe endive, por është e mirë për çdo numër perimesh të përtypura, si frisee, endive ose spinaq.

4 lugë vaj ulliri ekstra të virgjër

1 lugë gjelle uthull vere të kuqe

Kripë dhe piper i zi i sapo bluar

2 lugë gjelle gorgonzola të grimcuar

¼ filxhan lajthi të thekura të copëtuara (shih<u>Si të pjekni dhe lëvozhgën arrat</u>)

Në një tas të vogël përzieni vajin, uthullën, kripën dhe piperin sipas shijes. Shtoni gorgonzola dhe lajthitë. Shërbejeni menjëherë.

Salcë me krem limoni

Salsa di Limone alla Panna

Bën rreth 1/3 filxhan

Pak krem zbut një salcë limoni. Më pëlqen kjo në gjethet e maruleve të bebeve.

3 lugë vaj ulliri ekstra të virgjër

1 lugë gjelle lëng limoni të freskët

1 lugë gjelle krem i trashë

Kripë dhe piper i zi i sapo bluar

    Në një tas të vogël, përzieni të gjithë përbërësit. Shërbejeni menjëherë.

Salcë me portokall dhe mjaltë

Citronette al'Arancia

Bën rreth 1/3 filxhan

Ëmbëlsia e kësaj salce e bën atë një ndeshje të përsosur me zarzavate të përziera si mezclum. Ose provojeni me një kombinim të lakërishtës, qepëve të kuqe dhe ullinjve të zi.

3 lugë vaj ulliri ekstra të virgjër

1 lugë çaji mjaltë

2 lugë lëng portokalli të freskët

Kripë dhe piper i zi i sapo bluar

Në një tas të vogël, përzieni të gjithë përbërësit. Shërbejeni menjëherë.

Lëng mishi

brodo di mish

Bën rreth 4 litra

Këtu është një supë bazë e bërë nga lloje të ndryshme mishi për t'u përdorur në supa, rizoti dhe zierje. Një lëng mishi i mirë duhet të jetë plot shije, por jo aq agresiv sa të marrë shijen e gjellës. Mund të përdoret viçi, viçi dhe shpendët, por shmangni mishin e derrit ose të qengjit. Shija e saj është e fortë dhe mund të mbingarkojë lëngun. Ndryshoni proporcionet e mishit për këtë lëng mishi sipas dëshirës tuaj ose në varësi të përbërësve që keni në dorë.

2 paund kocka viçi me mish

2 paund shpatull viçi me kocka

2 kilogramë pjesë pule ose gjeldeti

2 karota të prera dhe të prera në 3 ose 4 pjesë

2 brinjë selino me gjethe, të prera në 3 ose 4 pjesë

2 qepë mesatare, të qëruara por të lira të plota

1 domate të madhe ose 1 filxhan domate të konservuara të copëtuara

1 thelpi hudhër

3 deri në 4 degë majdanoz të freskët me gjethe të sheshta me kërcell

1. Në një tenxhere të madhe bashkoni mishin, kockat dhe pjesët e pulës. Shtoni 6 litra ujë të ftohtë dhe lëreni të ziejë në zjarr mesatar.

2. Rregulloni nxehtësinë në mënyrë që uji vetëm të ziejë. Hiqni shkumën dhe yndyrën që ngrihet në sipërfaqen e lëngut.

3. Kur shkuma të pushojë së ngrituri, shtoni përbërësit e mbetur. Gatuani 3 orë, duke rregulluar nxehtësinë në mënyrë që lëngu të fryjë butësisht.

4. Lëreni lëngun të ftohet shkurtimisht, më pas kullojeni në enë plastike. Lëngu mund të përdoret menjëherë, ose të lihet të ftohet plotësisht, më pas mbulohet dhe ruhet në frigorifer deri në 3 ditë ose në frigorifer deri në 3 muaj.

Supë pule

Brodo di Chicken

Bën rreth 4 litra

Një pulë e vjetër, e njohur si zog, i jep lëngut një shije më të plotë dhe më të pasur se një zog më i ri. Nëse nuk mund të gjeni një zog, provoni të shtoni krahë ose qafë gjeldeti në lëng mishi, por mos përdorni shumë gjelin e detit, sepse shija do ta pushtojë pulën.

Pas gatimit, pjesa më e madhe e shijes së mishit do të vlojë, por kuzhinierë të kursyer italianë e përdorin atë për të bërë një sallatë ose për ta copëtuar atë për një mbushje me makarona ose perime.

1 zog ose pulë e plotë 4 kile

2 kilogramë pjesë pule ose gjeldeti

2 brinjë selino me gjethe, të prera në feta

2 karota, të grira

2 qepë mesatare, të qëruara dhe të lira të plota

1 domate të madhe ose 1 filxhan domate të konservuara të copëtuara

1 thelpi hudhër

3 ose 4 degë majdanoz të freskët

1. Vendosni shpendët dhe pjesët e pulës ose gjelit të detit në një tenxhere të madhe. Shtoni 5 litra ujë të ftohtë dhe lëreni të ziejë në zjarr mesatar.

2. Rregulloni nxehtësinë në mënyrë që uji vetëm të ziejë. Hiqni shkumën dhe yndyrën që ngrihet në sipërfaqen e lëngut.

3. Sapo shkuma të ndalojë së ngrituri, shtoni përbërësit e mbetur. Gatuani për 2 orë, duke rregulluar nxehtësinë në mënyrë që lëngu të fryjë butësisht.

4. Lëreni lëngun të ftohet shkurtimisht, më pas kullojeni në enë plastike. Lëngu mund të përdoret menjëherë, ose të lihet të ftohet plotësisht, më pas mbulohet dhe ruhet në frigorifer deri në 3 ditë ose në frigorifer deri në 3 muaj.

Supë me fasule të Antonietës

Zuppa di Fagioli

Bën 8 racione

Kur vizitova kantinë e verës së familjes Pasetti në Abruzzo, kuzhinierja e tyre, Antonietta, bëri këtë supë me fasule për drekë. Ajo bazohet në klasikën <u>Ragù në stilin Abruzo</u>, por mund të përdorni një salcë tjetër domate me ose pa mish.

Një mulli ushqimi përdoret për të lëmuar fasulet dhe për të hequr lëkurën. Supa mund të bëhet pure edhe në një përpunues ushqimi ose blender. Antonietta e shërbeu supën me Parmigiano-Reggiano të sapo grirë, megjithëse ajo na tha se është tradicionale për darkuesit në atë rajon që ta shijojnë supën me farat e një kili të freskët jeshil. Pranë djathit të grirë kaloi një pjatë me spec djegës dhe një thikë, në mënyrë që secili i ftuar të priste dhe të shtonte të tyren.

2 gota <u>Ragù në stilin Abruzo</u>, ose salcë tjetër mishi ose domate

3 gota ujë

4 filxhanë fasule ose boronicë kanelini të thara ose të konservuara, të ziera, të kulluara

Kripë dhe piper i zi i sapo bluar për shije.

4 ons spageti, të prera ose të thyera në copa 2 inç

Parmigiano-Reggiano i sapo grirë

1-2 speca djegës të freskët jeshil, të tillë si jalapeño (opsionale)

1. Përgatitni ragun, nëse është e nevojshme. Më pas në një tenxhere të madhe bashkojmë ragun dhe ujin. Kaloni fasulet përmes një mulli ushqimi në tenxhere. Gatuani në zjarr të ulët, duke e përzier herë pas here, derisa supa të jetë e nxehtë. Shtoni kripë dhe piper për shije.

2. Shtojmë makaronat dhe i trazojmë mirë. Gatuani, duke i përzier shpesh, derisa makaronat të jenë të lëmuara. Nëse supa bëhet shumë e trashë, shtoni pak më shumë ujë.

3. Shërbejeni të nxehtë ose të ngrohtë. Kaloni djathin dhe djegësin e freskët, nëse përdorni, veçmas.

Makarona dhe fasule

Makarona dhe Fagioli

Bën 8 racione

Ky version napolitan i supës me fasule dhe makarona (e njohur me emrin e saj dialekt si "makarona fazool") zakonisht shërbehet shumë e trashë, por megjithatë duhet të hahet me një lugë.

1/4 filxhan vaj ulliri

2 brinjë selino, të copëtuara (rreth 1 filxhan)

2 thelpinj hudhre te grira holle

1 filxhan domate të freskëta të qëruara, të prera dhe të prera në kubikë, ose domate të konservuara

Majë piper të kuq të grimcuar

Kripë

3 filxhanë fasule kanelini të gatuara, të thara ose të konservuara ose fasule të mëdha veriore, të kulluara

8 ons ditalini ose spageti të thyera

1. Hidhni vajin në një tenxhere të madhe. Shtoni selinon dhe hudhrën. Gatuani, duke e përzier shpesh, mbi nxehtësinë mesatare derisa perimet të jenë të buta dhe të marrin ngjyrë kafe të artë, rreth 10 minuta. Shtoni domatet, piperin e kuq të grimcuar dhe kripën sipas shijes. Ziejini derisa të trashet pak, rreth 10 minuta.

2. Shtoni fasulet në salcën e domates. Lëreni përzierjen të ziejë. Thërrmoni disa nga fasulet me pjesën e pasme të një luge të madhe.

3. Sillni një tenxhere të madhe me ujë të ziejë. Shtoni kripë sipas shijes, pastaj makaronat. I trazojmë mirë. Gatuani në zjarr të fortë, duke i përzier shpesh, derisa makaronat të jenë të buta, por pak të ziera. Kulloni makaronat, duke rezervuar pak nga uji i zierjes.

4. Shtoni pastën në përzierjen e fasules. Shtoni pak nga uji i zierjes nëse është e nevojshme, por masa duhet të jetë shumë e trashë. Fikni zjarrin dhe lëreni të pushojë për rreth 10 minuta përpara se ta shërbeni.

Supë me fasule kremoze

Crema di Fagioli

Bën 4 deri në 6 racione

Një version të kësaj recete e gjeta në A Tavola ("Në tryezë"), një revistë gatimi italiane. E butë dhe e lëmuar, kjo supë është ushqim i pastër rehati.

3 filxhanë fasule kanelini të gatuara, të thara ose të konservuara ose fasule të mëdha veriore, të kulluara

Përafërsisht 2 gota të bëra vetë<u>Lëng mishi</u>ose një përzierje e gjysmë supë viçi të blerë në dyqan dhe gjysmë uji

1/2 filxhan qumësht

2 te verdha veze

½ filxhan Parmigiano-Reggiano i sapo grirë, plus më shumë për servirje

Kripë dhe piper i zi i sapo bluar

1. Bëni pure fasulet në një përpunues ushqimi, blender ose mulli ushqimi.

2. Në një tenxhere të mesme vendoseni lëngun të ziejë në zjarr mesatar. Shtoni purenë e fasules dhe kthejeni në zjarr të ngadaltë.

3. Në një tas të vogël rrahim qumështin dhe të verdhat e vezëve. Hidhni rreth një filxhan supë në tas dhe përzieni derisa të jetë e qetë. Hidheni përzierjen në tenxhere. Gatuani, duke e trazuar, derisa të nxehet shumë, por jo të ziejë.

4. Shtoni Parmigiano-Reggiano dhe kripë e piper për shije. Shërbejeni të nxehtë me një spërkatje me djathë shtesë.

Supë friuliane elb dhe fasule

Zuppa di Orzo e Fagioli

Bën 6 racione

Edhe pse në Shtetet e Bashkuara njihet më shumë si një formë makaronash të vogla, orzo në italisht është emri i elbit, një nga drithërat e para të kultivuara. Rajoni që tani është Friuli në Itali ishte dikur pjesë e Austrisë. Prania e elbit zbulon rrënjët austriake të kësaj supe.

Nëse përdorni fasule të gatuara paraprakisht ose të konservuara, zëvendësoni 3 filxhanë ose dy kanaçe me fasule të kulluara, zvogëloni ujin në 4 gota dhe gatuajeni supën për vetëm 30 minuta në Hapin 2. Më pas vazhdoni sipas udhëzimeve.

2 lugë gjelle vaj ulliri

2 ons proshutë të grirë imët

2 brinjë selino, të prera

2 karota të grira

1 qepë mesatare të grirë

1 thelpi hudhër të grirë imët

1 filxhan (rreth 8 ons) cannelini të thata ose <u>fasule të mëdha veriore</u>

1/2 filxhan elb perla, i shpëlarë dhe i kulluar

Kripë dhe piper i zi i sapo bluar

1. Hidhni vajin në një tenxhere të madhe. Shtoni proshutën. Gatuani, duke e përzier shpesh, mbi nxehtësinë mesatare derisa panceta të marrë një ngjyrë kafe të lehtë, rreth 10 minuta. Shtoni selinon, karotat, qepën dhe hudhrën. Gatuani, duke i përzier shpesh, derisa perimet të marrin ngjyrë kafe të artë, rreth 10 minuta.

2. Shtoni fasulet dhe 8 gota ujë. Lëreni të ziejë. Mbulojeni dhe ziejini për 1 1/2 deri në 2 orë ose derisa fasulet të jenë shumë të buta.

3. Thërrmoni disa nga fasulet me pjesën e pasme të një luge të madhe. Shtoni elbin, kripën dhe piperin sipas shijes. Gatuani 30 minuta ose derisa elbi të zbutet. E trazojmë shpesh supën që elbi të mos ngjitet në fund të tenxheres. Shtoni ujë nëse supa është shumë e trashë. Shërbejeni të nxehtë ose të ngrohtë.

Supë me fasule dhe kërpudha

Minestra di Fagioli e Funghi

Bën 8 racione

Një ditë e ftohtë vjeshte në Toskanë më bëri të dëshiroj një tas të përzemërt me supë dhe më çoi në një vakt të thjeshtë por të paharrueshëm. Në Il Prato, një restorant në Pienza, kamerieri njoftoi se kuzhina kishte përgatitur një supë speciale me fasule atë ditë. Supa ishte e shijshme, me një aromë prej dheu, të tymit, që më vonë mësova se vinte nga shtimi i kërpudhave të thata porcini. Pas supës, porosita disa nga djathi i shkëlqyer pecorino për të cilin është i famshëm Pienza.

1 1/2 ons kërpudha të thata porcini

1 gotë ujë të vakët

2 karota mesatare, të grira

1 brinjë selino, e prerë

1 qepë mesatare të grirë

1 filxhan domate të freskëta ose domate të konservuara të qëruara, të prera dhe të prera në kubikë

¹1/4 filxhan majdanoz të freskët të grirë

6 gota të bëra vetë<u>Lëng mishi</u>qoftë<u>Supë pule</u>ose një përzierje e gjysmë supë të blerë në dyqan dhe gjysmë uji

3 gota kanelina të gatuara, të thata ose të konservuara, ose fasule të mëdha veriore, të kulluara

¹1/2 filxhan oriz me kokërr të mesme, si Arborio

Kripë dhe piper i zi i sapo bluar për shije.

1. Thithni kërpudhat në ujë për 30 minuta. Hiqni kërpudhat dhe rezervoni lëngun. Shpëlajini kërpudhat nën ujë të rrjedhshëm të ftohtë për të hequr çdo grimcë, duke i kushtuar vëmendje të veçantë kërcellit, ku mblidhet papastërtia. Pritini kërpudhat në copa të mëdha. Kullojeni lëngun e kërpudhave përmes një filtri kafeje letre në një tas dhe lëreni mënjanë.

2. Në një tenxhere të madhe, kombinoni kërpudhat dhe lëngun e tyre, karotat, selinon, qepën, domaten, majdanozin dhe lëngun e mishit. Lëreni të ziejë. Gatuani derisa perimet të zbuten, rreth 20 minuta.

3. Shtoni fasulet dhe orizin dhe kripë e piper sipas shijes. Gatuani derisa orizi të jetë i butë, 20 minuta, duke e përzier herë pas here. Shërbejeni të nxehtë ose të ngrohtë.

Makarona dhe fasule Milano

Pasta dhe Fagioli alla Milanese

Bën 8 racione

Mbetjet e makaronave të freskëta, të quajtura maltagliati ("prerë gabim"), përdoren zakonisht për këtë supë, ose mund të përdorni fetuccine të freskët të prerë në copa të madhësisë së kafshatës.

2 lugë gjalpë pa kripë

2 lugë gjelle vaj ulliri

6 gjethe të freskëta të sherebelës

1 lugë rozmarinë e freskët e copëtuar

4 karota të grira

4 brinjë selino, të grira

3 patate të ziera mesatare, të grira

2 qepë të grira

4 domate, të qëruara, me fara dhe të prera, ose 2 gota domate të konservuara të copëtuara

1 paund (rreth 2 gota) boronica të thata ose fasule cannellini (shih<u>Fasule në stilin e vendit</u>) ose 4 kanaçe 16 ons

Përafërsisht 8 gota të bëra vetë<u>Lëng mishi</u>ose një përzierje e gjysmës së mishit ose lëngut të perimeve të blerë në dyqan dhe gjysmës së ujit

Kripë dhe piper i zi i sapo bluar

8 ons maltagliati të freskët ose fetuccine të freskët, të prerë në copa 1 inç

Vaj ulliri ekstra i virgjer

1. Në një tenxhere të madhe shkrini gjalpin me vajin në zjarr mesatar. Shtoni sherebelën dhe rozmarinën. Shtoni karotat, selinonë, patatet dhe qepët. Gatuani, duke e përzier shpesh, derisa të zbutet, rreth 10 minuta.

2. Shtoni domatet dhe fasulet. Shtoni lëngun e mishit dhe kripë e piper për shije. Lëreni përzierjen të ziejë. Ziejini derisa të gjithë përbërësit të jenë shumë të butë, rreth 1 orë.

3. Hiqni gjysmën e supës nga tenxherja dhe kaloni në një mulli ose pure në një blender. Hidheni përsëri purenë në tenxhere. I trazojmë mirë dhe i shtojmë makaronat. Lëreni supën të ziejë dhe më pas fikeni zjarrin.

4. Lëreni supën të ftohet pak para se ta shërbeni. Shërbejeni të nxehtë, me pak vaj ulliri ekstra të virgjër dhe një grirë bujare piper.

Supë me thjerrëza dhe kopër

Zuppa di Lenticchie e Finocchio

Bën 8 racione

Thjerrëzat janë një nga bishtajoret më të vjetra. Mund të jenë kafe, jeshile, të kuqe ose të zeza, por në Itali thjerrëzat më të mira janë ato jeshile të vogla nga Castelluccio në Umbria. Ndryshe nga fasulet, thjerrëzat nuk kanë nevojë të ngjyhen para gatimit.

Ruani majat me pupla të koprës për të zbukuruar supën.

1 kile thjerrëza kafe ose jeshile, të zgjedhura dhe të shpëlarë

2 qepë mesatare, të grira

2 karota të grira

1 patate mesatare e zier, e qëruar dhe e prerë

1 filxhan kopër të grirë

1 filxhan domate të freskëta ose të konservuara, të copëtuara

1 1/4 filxhan vaj ulliri

Kripë dhe piper i zi i sapo bluar

1 filxhan tubetti, ditalini ose guaska të vogla

Gota me kopër të freskët, sipas dëshirës

Vaj ulliri ekstra i virgjer

1. Në një tenxhere të madhe bashkoni thjerrëzat, qepët, karotat, patatet dhe kopër. Shtoni ujë të ftohtë për ta mbuluar me 1 inç. Lëngun e lëmë të ziejë dhe e lëmë të ziejë për 30 minuta.

2. Shtoni domatet dhe vajin e ullirit. Shtoni kripë dhe piper për shije. Gatuani derisa thjerrëzat të zbuten, rreth 20 minuta të tjera. Shtoni pak ujë sipas nevojës në mënyrë që thjerrëzat të mbulohen me lëngun.

3. Shtoni makaronat dhe ziejini derisa makaronat të jenë të buta, edhe 15 minuta të tjera. Shijoni dhe rregulloni erëzat. Zbukuroni me kopër të grirë, nëse ka. Shërbejeni të nxehtë ose të ngrohtë, me pak vaj ulliri ekstra të virgjër.

Supë me spinaq, thjerrëza dhe oriz

Minestra di Lenticchie e Spinaci

Bën 8 racione

Duke shtuar më pak ujë dhe duke lënë jashtë orizin, kjo supë bëhet një pjatë anësore për t'u shoqëruar me peshk të pjekur në skarë ose fileto derri. Në vend të spinaqit mund të përdoren escarole, lakra jeshile, lakra, chard zvicerane ose zarzavate të tjera me gjethe.

1 kile thjerrëza, të zgjedhura dhe të shpëlarë

6 gota ujë

3 thelpinj hudhre te medha, te grira

1 1/4 filxhan vaj ulliri ekstra të virgjër

8 oce spinaq, me rrjedhin dhe prerë në copa të vogla

Kripë dhe piper i zi i sapo bluar

1 filxhan oriz të gatuar

1. Në një tenxhere të madhe bashkoni thjerrëzat, ujin, hudhrën dhe vajin. Lëreni të ziejë dhe gatuajeni në zjarr të ulët për 40 minuta.

Shtoni pak ujë sipas nevojës në mënyrë që thjerrëzat të mbulohen.

2. Shtoni spinaqin dhe kripë e piper sipas shijes. Gatuani derisa thjerrëzat të zbuten, rreth 10 minuta të tjera.

3. Shtoni orizin dhe gatuajeni derisa të nxehet. Shërbejeni të nxehtë me pak vaj ulliri ekstra të virgjër.

Supë me thjerrëza dhe perime

Minestra di Lenticchie e Verdura

Bën 6 racione

Shikoni thjerrëzat përpara se të gatuani për të hequr gurët e vegjël ose mbeturinat. Për një supë më të shijshme, shtoni një ose dy filxhan ditalini të gatuar ose spageti të thyera.

1 1/4 filxhan vaj ulliri

1 qepë mesatare të grirë

1 brinjë selino, e prerë

1 karotë mesatare, e prerë

2 thelpinj hudhre te grira holle

1/2 filxhan domate italiane të konservuara të copëtuara

8 ons thjerrëza (rreth 1 filxhan), të mbledhura dhe të shpëlarë

Kripë dhe piper i zi i sapo bluar

1 kile endive, spinaq ose zarzavate të tjera me gjethe, të prera dhe të prera në copa të vogla

½ filxhan Pecorino Romano ose Parmigiano-Reggiano i sapo grirë

1. Hidhni vajin në një tenxhere të madhe. Shtoni qepën, selinon, karotën dhe hudhrën dhe gatuajeni në zjarr mesatar për 10 minuta ose derisa perimet të jenë të buta dhe të arta. Shtoni domatet dhe gatuajeni edhe 5 minuta të tjera.

2. Shtoni thjerrëzat, kripën dhe piperin dhe 4 gota ujë. Lëreni supën të ziejë dhe gatuajeni për 45 minuta ose derisa thjerrëzat të zbuten.

3. Shtoni perimet. Mbulojeni dhe gatuajeni për 10 minuta, ose derisa perimet të jenë të buta. Më pëlqen të sezonoj.

4. Pak para se ta servirni, shtoni djathin. Shërbejeni të nxehtë.

Supë pure me thjerrëza me krutona

Purea di Lenticchie

Bën 6 deri në 8 racione

Fetat krokante të bukës mbulojnë këtë pure të lëmuar me thjerrëza Umbriane. Për aromë të shtuar, fërkojini krutonët me një thelpi hudhër të papërpunuar ndërsa janë ende të nxehta.

1 kile thjerrëza, të zgjedhura dhe të shpëlarë

1 brinjë selino, e prerë

1 karotë të grirë

1 qepë e madhe e grirë

1 patate e madhe e zier, e prerë

2 lugë pastë domate

Kripë dhe piper i zi i sapo bluar

2 lugë vaj ulliri ekstra të virgjër, plus më shumë për servirje

8 feta bukë italiane ose franceze

1. Vendosni thjerrëzat, perimet dhe pastën e domates në një tenxhere të madhe. Shtoni ujë të ftohtë për të mbuluar 2 inç. Lëreni të ziejë. Gatuani 20 minuta. Shtoni kripë për shije dhe më shumë ujë nëse është e nevojshme për të mbajtur përbërësit të mbuluar. Gatuani edhe 20 minuta të tjera ose derisa thjerrëzat të jenë shumë të buta.

2. Kullojeni përmbajtjen e tenxheres duke e rezervuar lëngun. Vendosni thjerrëzat dhe perimet në një procesor ose blender dhe bëjini pure, në tufa nëse është e nevojshme, derisa të jenë të lëmuara. Hidhni thjerrëzat përsëri në tenxhere. I rregullojmë sipas shijes me kripë dhe piper. Ngroheni lehtë, duke shtuar pak nga lëngu i gatimit nëse është e nevojshme.

3. Në një tigan të madh, ngrohni 2 lugë gjelle vaj ulliri në zjarr mesatar. Shtoni bukën në një shtresë të vetme. Gatuani derisa të skuqet dhe të marrë ngjyrë të artë në fund, 3 deri në 4 minuta. Ktheni copat e bukës dhe skuqini për 3 minuta të tjera.

4. Hiqeni supën nga zjarri. Hidheni në enë. Mbi çdo tas me një fetë bukë të thekur. Shërbejeni të nxehtë, me pak vaj ulliri.

Supë me qiqra Puglia

Minestra di Ceci

Bën 6 racione

Në Pulia, kjo supë e trashë bëhet me shirita të shkurtër makaronash të freskëta të njohura si lagane. Mund të zëvendësohet fetuccina e freskët e prerë në shirita 3 inç, ashtu si mund të zëvendësohen forma të vogla makaronash të thara ose spageti të thyera. Në vend të lëngut të mishit, açugeja përdoret për të aromatizuar këtë supë, me ujë si lëng gatimi. Açugat shkrihen në supë dhe shtojnë shumë karakter pa u dalluar.

1/3 filxhan vaj ulliri

3 thelpinj hudhre, te shtypura lehte

2 degë rozmarine të freskët 2 inç

4 fileto açuge të grira

3 1/2 gota qiqra të ziera ose 2 kanaçe 16 ons, lëng të kulluar dhe të rezervuar

4 ons fetuccine të freskët, të prerë në copa 3 inç

piper i zi i sapo bluar

1. Hidhni vajin në një tenxhere të madhe. Shtoni hudhrën dhe rozmarinën dhe gatuajeni në zjarr mesatar, duke shtypur thelpinjtë e hudhrës me pjesën e pasme të një luge të madhe, derisa hudhra të marrë ngjyrë kafe të artë, rreth 2 minuta. Hiqni dhe hidhni hudhrën dhe rozmarinën. Shtoni filetot e açuges dhe gatuajeni, duke e trazuar, derisa açugeja të tretet, rreth 3 minuta.

2. Shtoni qiqrat në tenxhere dhe përziejini mirë. Grini gjysmën e qiqrave me pjesën e pasme të një luge ose një pure patate. Shtoni aq ujë ose lëng për gatimin e qiqrave për të mbuluar qiqrat. Lëngun e lini të ziejë.

3. Shtoni pastën. Sezoni sipas shijes me një grirje të bollshme piper të zi. Gatuani derisa makaronat të jenë të buta, por të forta për t'u kafshuar. Hiqeni nga zjarri dhe lëreni të pushojë për 5 minuta. Shërbejeni të nxehtë me pak vaj ulliri ekstra të virgjër.

Supë me qiqra dhe makarona

Minestra di Ceci

Bën 6 deri në 8 racione

Në rajonin Marche të Italisë qendrore, kjo supë ndonjëherë bëhet me kuadrucci, katrorë të vegjël makaronash me vezë të freskëta. Për të bërë quadrucci, preni fetucinën e freskët në copa të shkurtra për të formuar katrorë të vegjël. Lëreni secilin të spërkasë supën e tij me pak vaj ulliri ekstra të virgjër.

Nga të gjitha bishtajoret, mendoj se qiqrat janë më të vështirat për t'u gatuar. Ndonjëherë atyre u duhet shumë më tepër kohë për t'u bërë të buta nga sa prisja. Është një ide e mirë ta bëni këtë supë para kohe deri në hapin 2 dhe më pas ta ngrohni dhe ta përfundoni kur të jetë gati për t'u shërbyer, për t'u siguruar që qiqrat të kenë mjaft kohë për t'u zbutur.

1 kile qiqra të thata, të njomura gjatë natës (shih<u>Fasule në stilin e vendit</u>)

¹1/4 filxhan vaj ulliri

1 qepë mesatare të grirë

2 brinjë selino, të prera

2 gota domate të konservuara, të copëtuara

Kripë

8 ounces ditalini ose bërryla ose predha të vogla

piper i zi i sapo bluar

Vaj ulliri ekstra i virgjer

1. Hidhni vajin në një tenxhere të madhe. Shtoni qepën dhe selinon dhe gatuajeni, duke i përzier shpesh, mbi nxehtësinë mesatare për 10 minuta ose derisa perimet të jenë të buta dhe të arta. Shtoni domatet dhe lërini të ziejnë. Gatuani edhe 10 minuta të tjera.

2. Kullojmë qiqrat dhe i shtojmë në tenxhere. Shtoni 1 lugë çaji kripë dhe ujë të ftohtë për ta mbuluar me 1 inç. Lëreni të ziejë. Gatuani 11/2 deri në 2 orë ose derisa qiqrat të jenë shumë të buta. Shtoni ujë nëse është e nevojshme për të mbajtur qiqrat të mbuluara.

3. Rreth 20 minuta para se të ziejnë qiqrat, vendosni një tenxhere të madhe me ujë të ziejë. Shtoni kripë, pastaj makaronat. Gatuani derisa makaronat të zbuten. Kullojeni dhe shtoni në supë. I rregullojmë sipas shijes me kripë dhe piper. Shërbejeni të nxehtë me pak vaj ulliri ekstra të virgjër.

Supë liguriane me qiqra dhe porcini

Makarona dhe Ceci me Porcini

Bën 4 racione

Ky është versioni im i një supe që bëhet në Liguria. Disa kuzhinierë e bëjnë këtë pa drithë, ndërsa të tjerë përfshijnë kardonë në përbërës.

1 1/2 ons kërpudha të thata porcini

1 gotë ujë të vakët

1 1/4 filxhan vaj ulliri

2 ons proshutë të copëtuar

1 qepë mesatare, e grirë hollë

1 karotë mesatare, e grirë hollë

1 brinjë selino mesatare, e grirë hollë

1 thelpi hudhër të grirë imët

3 gota qiqra të konservuara të gatuara, të thara ose të kulluara

8 ons chard zvicerane, të prerë në mënyrë tërthore në shirita të ngushtë

1 patate mesatare e zier, e qëruar dhe e prerë

1 filxhan domate të freskëta ose të konservuara të qëruara, të prera dhe të prera në kubikë

Kripë dhe piper i zi i sapo bluar

1 filxhan ditalini, tubetti ose makarona të tjera të vogla

1. Thithni kërpudhat në ujë për 30 minuta. Hiqini ato dhe rezervoni lëngun. Shpëlajini kërpudhat nën ujë të ftohtë të rrjedhshëm për të hequr rërën. Pritini ato në copa të mëdha. Kullojeni lëngun përmes një filtri kafeje letre në një enë.

2. Hidhni vajin në një tenxhere të madhe. Shtoni proshutën, qepën, karrotën, selinon dhe hudhrën. Gatuani, duke e përzier shpesh, mbi nxehtësinë mesatare derisa qepa dhe aromat e tjera të marrin ngjyrë kafe të artë, rreth 10 minuta.

3. Shtoni qiqrat, chardën zvicerane, patatet, domatet dhe kërpudhat me lëngun e tyre. Shtoni ujë për të mbuluar përbërësit dhe kripë e piper për shije. Lërini të ziejnë dhe ziejini derisa perimet të zbuten dhe supa të trashet, rreth 1 orë. Shtoni ujë nëse supa bëhet shumë e trashë.

4. Shtoni makaronat dhe 2 gota të tjera ujë. Gatuani, duke e përzier shpesh, rreth 15 minuta ose derisa makaronat të jenë të buta. Lëreni të ftohet pak para se ta shërbeni.

Supë me bukë toskane dhe perime

ribollit

Bën 8 racione

Një verë në Toskanë, më shërbyen këtë supë kudo që shkoja, ndonjëherë dy herë në ditë. Nuk u lodha kurrë, sepse çdo kuzhinier përdorte kombinimin e vet të përbërësve dhe ishte gjithmonë i mirë. Në fakt, janë dy receta në një. E para është një supë e përzier me perime. Të nesërmen, mbetjet nxehen dhe përzihen me bukën e një dite. Ngrohja i jep supës emrin e saj italian, që do të thotë e zier. Zakonisht kjo bëhet në mëngjes dhe supa lihet të qëndrojë deri në drekë. Ribollita zakonisht shërbehet e ngrohtë ose në temperaturën e dhomës, kurrë në avull.

Sigurohuni që të përdorni një bukë italiane të përtypur me cilësi të mirë ose fshatare për të marrë strukturën e duhur.

4 gota të bëra vetë<u>Supë pule</u>qoftë<u>Lëng mishi</u>ose një përzierje e gjysmë supë të blerë në dyqan dhe gjysmë uji

1/4 filxhan vaj ulliri

2 brinjë selino për bebe, të copëtuara

2 karota mesatare, të grira

2 thelpinj hudhre te grira holle

1 qepë e kuqe e vogël, e grirë

1 1/4 filxhan majdanoz të freskët të grirë

1 lugë gjelle sherebelë e freskët e copëtuar

1 lugë rozmarinë e freskët e copëtuar

1 1/2 kile domate të freskëta të qëruara, me fara dhe të prera në kubikë ose 1 1/2 filxhan domate të qëruara italiane të konservuara me lëng, të prera në kubikë

3 filxhanë fasule kanelini të gatuara, të thara ose të konservuara, të kulluara

2 patate mesatare të ziera, të qëruara dhe të prera në kubikë

2 kunguj të njomë të mesme, të grira

1 kile lakër ose lakër jeshile, të prera hollë (rreth 4 gota)

8 ons fasule jeshile, të prera dhe të prera në copa të vogla

Kripë dhe piper i sapo bluar për shije.

Rreth 8 ons bukë italiane njëditore, e prerë në feta hollë

Vaj ulliri ekstra i virgjer

Feta shumë të holla qepë të kuqe (opsionale)

1. Përgatitni lëngun, nëse është e nevojshme. Më pas, derdhni vajin e ullirit në një tenxhere të madhe. Shtoni selino, karota, hudhër, qepë dhe barishte. Gatuani, duke e përzier shpesh, mbi nxehtësinë mesatare derisa selino dhe aroma të tjera të zbuten dhe të marrin ngjyrë kafe të artë, rreth 20 minuta. Shtoni domatet dhe ziejini për 10 minuta.

2. Shtoni fasulet, perimet e mbetura dhe kripë e piper për shije. Shtoni lëngun dhe ujin për ta mbuluar. Lëreni të ziejë. Ziejini, në zjarr shumë të ulët, derisa perimet të zbuten, rreth 2 orë. Lëreni të ftohet pak, pastaj nëse nuk e përdorni menjëherë, ruajeni në frigorifer brenda natës ose deri në 2 ditë.

3. Kur të jeni gati për t'u shërbyer, derdhni rreth 4 gota supë në një blender ose procesor ushqimi. Bëjeni pure supën, më pas transferojeni në një tenxhere së bashku me supen e mbetur. Ngroheni butësisht.

4. Zgjidhni një tenxhere ose një tenxhere mjaft të madhe për të mbajtur bukën dhe supën. Vendosni një shtresë me feta buke në fund. Hidhni aq supë sa të mbulojë plotësisht bukën. Përsëritni shtresat derisa të përdoret e gjithë supa dhe buka të jetë e lagur.

Lëreni të qëndrojë të paktën 20 minuta. Duhet të jetë shumë i trashë.

5. Përziejeni supën për të copëtuar bukën. Spërkateni me vaj ulliri ekstra të virgjër dhe spërkateni me qepën e kuqe. Shërbejeni të ngrohtë ose në temperaturë ambienti.

Supë dimërore me kunguj

zuppa di zucca

Bën 4 racione

Në fruttivendolo, tregu i frutave dhe perimeve, kuzhinierët italianë mund të blejnë copa kungujsh të mëdhenj dhe kunguj të tjerë të dimrit për të bërë këtë supë të shijshme. Në përgjithësi përdor kungull me gjalpë ose acorn. Piperi i kuq i grimcuar i quajtur Peperoncino shton një pikante të papritur.

4 gota të bëra vetë<u>Supë pule</u>ose një përzierje e gjysmë supë të blerë në dyqan dhe gjysmë uji

2 paund kungull dimëror, të tilla si gjalpë ose lis

1/2 filxhan vaj ulliri

2 thelpinj hudhre te grira holle

Majë piper të kuq të grimcuar

Kripë

1/4 filxhan majdanoz të freskët të grirë

1. Përgatitni lëngun nëse është e nevojshme. Më pas, qëroni kungullin dhe hiqni farat. Pritini në copa 1 inç.

2. Hidhni vajin në një tenxhere të madhe. Shtoni hudhrën dhe piperin e kuq të grimcuar. Gatuani, duke e përzier shpesh, mbi nxehtësinë mesatare derisa hudhra të skuqet lehtë, rreth 2 minuta. Shtoni kungullin dhe kripën sipas shijes.

3. Shtoni lëngun dhe lëreni të ziejë. Mbulojeni dhe gatuajeni për 35 minuta ose derisa kungulli të jetë shumë i butë.

4. Me anë të një luge me vrima, transferojini kungujt në një përpunues ushqimi ose blender dhe bëjeni pure derisa të jenë të lëmuara. Purenë e kthejmë në tenxhere me lëng mishi. Lëreni supën të ziejë dhe gatuajeni për 5 minuta. Shtoni pak ujë nëse supa është shumë e trashë.

5. Shtoni kripë për shije. Shtoni majdanozin. Shërbejeni të nxehtë.

Supë "ujë i gatuar"

Aquacotta

Bën 6 racione

Mjafton vetëm disa perime, vezë dhe copa buke për të bërë këtë supë të shijshme toskane, prandaj italianët e quajnë me shaka "ujë i zier". Përdorni çfarëdo kërpudha që keni në dispozicion.

1/4 filxhan vaj ulliri

2 brinjë selino, të prera hollë

2 thelpinj hudhre te grira

1 kile kërpudha të ndryshme, të tilla si kërpudha butona, shiitake dhe cremini, të prera dhe të prera në feta

1 kile domate të freskëta kumbulle, të qëruara, me fara dhe të prera, ose 2 gota domate të konservuara

Majë piper të kuq të grimcuar

6 vezë

6 feta bukë të thekur italiane ose franceze

4 deri në 6 lugë djathë pecorino të sapo grirë

1. Hidhni vajin në një tenxhere të mesme. Shtoni selinon dhe hudhrën. Gatuani, duke e përzier shpesh, mbi nxehtësinë mesatare derisa të zbutet, rreth 5 minuta.

2. Shtoni kërpudhat dhe gatuajeni duke i përzier herë pas here derisa lëngjet e kërpudhave të avullojnë. Shtoni domatet dhe piperin e kuq të grimcuar dhe ziejini për 20 minuta.

3. Shtoni 4 gota ujë dhe kripë për shije. Lëreni të ziejë. Gatuani edhe 20 minuta të tjera.

4. Pak para se ta shërbeni, thyeni një nga vezët në një filxhan. Rrëshqitni me kujdes vezën në supën e nxehtë. Përsëriteni me vezët e mbetura. Mbulojeni dhe ziejini në zjarr shumë të ulët për 3 minuta ose derisa vezët të jenë gatuar sipas shijes.

5. Vendosni një fetë bukë të thekur në çdo tas për servirje. Hidhni me kujdes një vezë sipër dhe hidhni supën e nxehtë. Spërkateni me djathin dhe shërbejeni menjëherë.

Supë Pesto me kungull i njomë

Zuppa di Kungull i njomë al Pesto

Bën 4 deri në 6 racione

Aroma e pestos kur përzihet me supën e nxehtë është e parezistueshme.

2 gota të bëra vetë<u>Supë pule</u>ose një përzierje e gjysmë supë të blerë në dyqan dhe gjysmë uji

3 lugë vaj ulliri

2 qepë mesatare, të grira

4 kunguj të njomë të vegjël (rreth 1⁄4 kile), të lara dhe të grira

3 patate mesatare të ziera, të qëruara dhe të prera

Kripë dhe piper i zi i sapo bluar, sipas shijes.

1 filxhan spageti të thyer

pesto

2 deri në 3 thelpinj hudhër të mëdha

1/2 filxhan borzilok të freskët

1/4 filxhan majdanoz të freskët italian me gjethe të sheshta

½ filxhan Parmigiano-Reggiano i grirë, plus më shumë për spërkatje

2 deri në 3 lugë vaj ulliri ekstra të virgjër

Kripë dhe piper i zi i sapo bluar

1. Përgatitni lëngun, nëse është e nevojshme. Më pas, derdhni vajin në një tenxhere mesatare. Shtoni qepët. Gatuani, duke e përzier shpesh, mbi nxehtësinë mesatare derisa qepët të zbuten dhe të marrin ngjyrë kafe të artë, rreth 10 minuta. Shtoni kungull i njomë dhe patatet dhe gatuajeni, duke i përzier herë pas here, për 10 minuta. Shtoni lëngun e pulës dhe 4 gota ujë. Lëngun e lini të ziejë dhe gatuajeni për 30 minuta. Shtoni kripë dhe piper për shije.

2. Shtoni pastën. Ziej edhe 15 minuta të tjera.

3. Përgatitni peston: Në një procesor ushqimi, grini hudhrat, borzilokun dhe majdanozin derisa të jenë shumë të imta. Shtoni djathin dhe spërkatni gradualisht me vaj ulliri derisa të keni një pastë të trashë. I rregullojmë sipas shijes me kripë dhe piper.

4. Transferoni peston në një tas mesatar; Me një kamxhik rrihni rreth 1 filxhan supë të nxehtë në peston. Përziejeni masën në

tenxhere me supën e mbetur. Lëreni të qëndrojë 5 minuta. Shijoni dhe rregulloni erëzat. Shërbejeni me djathë shtesë.

Supë me presh, domate dhe bukë

Pappa al Pomodoro

Bën 4 racione

Toskanët hanë shumë supë dhe e bëjnë shumë me bukë në vend të makaronave ose orizit. Kjo është e preferuara në fillim të vjeshtës kur ka shumë domate të pjekura dhe presh të freskët. Është gjithashtu i mirë në dimër, i bërë me domate të konservuara.

6 gota të bëra vetë<u>Supë pule</u>ose një përzierje e gjysmë supë të blerë në dyqan dhe gjysmë uji

3 lugë vaj ulliri, plus më shumë për spërkatje

2 presh të mesëm

3 thelpinj hudhre te medha

Majë piper të kuq të grimcuar

2 gota domate të freskëta të qëruara, të prera dhe të prera në kubikë, ose domate të konservuara

Kripë

½ copë bukë italiane një ditëshe, e prerë në kube 1 inç (rreth 4 filxhanë)

¹1/2 filxhan borzilok të freskët të copëtuar

Vaj ulliri ekstra i virgjer

1. Përgatitni lëngun, nëse është e nevojshme. Më pas, prisni rrënjët dhe pjesën e gjelbër të errët të preshit. Prisni preshin përgjysmë për së gjati dhe shpëlajeni mirë nën ujë të rrjedhshëm të ftohtë. Pritini mirë.

2. Hidhni vajin në një tenxhere të madhe. Shtoni preshin dhe ziejini, duke i përzier shpesh, në zjarr mesatar-të ulët derisa të zbuten, rreth 5 minuta. Shtoni hudhrën dhe piperin e kuq të grimcuar.

3. Shtoni domatet dhe lëngun dhe lërini të ziejnë. Gatuani 15 minuta, duke e përzier herë pas here. Shtoni kripë për shije.

4. Shtoni bukën në supë dhe gatuajeni për 20 minuta, duke e përzier herë pas here. Supa duhet të jetë e trashë. Shtoni më shumë bukë nëse është e nevojshme.

5. Hiqeni nga zjarri. Shtoni borzilokun dhe lëreni të pushojë për 10 minuta. Shërbejeni të nxehtë me pak vaj ulliri ekstra të virgjër.

Supë me kungull i njomë dhe domate

Zuppa di Kungull i njomë e Pomodori

Bën 6 racione

Edhe pse kungull i njomë ka shije më të mirë, perimet edhe më të mëdha janë të mira në këtë supë, sepse ujshmëria e tyre dhe mungesa e shijes nuk shfaqet me të gjithë përbërësit e tjerë aromatikë.

5 gota të bëra vetë<u>Supë pule</u>ose një përzierje e gjysmë supë të blerë në dyqan dhe gjysmë uji

3 lugë vaj ulliri

1 qepë mesatare, e grirë hollë

1 thelpi hudhër të grirë

1 lugë çaji rozmarinë të freskët të copëtuar

1 lugë çaji sherebelë e freskët e copëtuar

1 1/2 filxhan domate të qëruara, me fara dhe të prera në kubikë

1 1/2 kile kungull i njomë, i grirë

Kripë dhe piper i zi i sapo bluar

3 gota kube buke italiane ose franceze nje dite

Parmigiano-Reggiano i sapo grirë

1. Përgatitni lëngun, nëse është e nevojshme. Më pas, derdhni vajin në një tenxhere të madhe. Shtoni qepën, hudhrën, rozmarinën dhe sherebelën. Gatuani në zjarr mesatar, duke e përzier shpesh, derisa qepa të marrë ngjyrë kafe të artë, rreth 10 minuta.

2. Shtoni domatet dhe përziejini mirë. Shtoni lëngun dhe lëreni të ziejë. Shtoni kungull i njomë dhe gatuajeni për 30 minuta ose derisa të zbuten. I rregullojmë sipas shijes me kripë dhe piper.

3. Shtoni kubet e bukës. Gatuani derisa buka të jetë e butë, rreth 10 minuta. Lëreni të qëndrojë edhe 10 minuta përpara se ta shërbeni. Shërbejeni me Parmigiano-Reggiano të grirë.

Supë me kungull i njomë dhe patate

Minestra di Kungull i njomë e Patate

Bën 4 racione

Kjo supë është tipike e asaj që mund të shërbehet në verë në shtëpitë në Italinë jugore. Mos ngurroni ta ndryshoni atë si një kuzhinier italian, duke zëvendësuar kungull i njomë me një perime tjetër si bishtaja, domate ose spinaq dhe duke zëvendësuar majdanozin me borzilok ose nenexhik.

6 gota të bëra vetë<u>Supë pule</u>ose një përzierje e gjysmë supë të blerë në dyqan dhe gjysmë uji

2 lugë gjelle vaj ulliri

1 qepë mesatare, e grirë hollë

1 kile patate të ziera (rreth 3 të mesme), të qëruara dhe të prera

1 kile kungull i njomë (rreth 4 të vegjël), të fërkuara dhe të prera

Kripë dhe piper i zi i sapo bluar

2 lugë majdanoz me gjethe të copëtuara

Parmigiano-Reggiano ose Pecorino Romano i sapo grirë

1. Përgatitni lëngun, nëse është e nevojshme. Më pas, derdhni vajin në një tenxhere mesatare. Shtoni qepën dhe gatuajeni, duke e përzier shpesh, mbi nxehtësinë mesatare derisa të zbutet dhe të marrë ngjyrë të artë, rreth 10 minuta.

2. Shtoni patatet dhe kungull i njomë. Shtoni lëngun e mishit dhe kripë e piper për shije. Lërini të ziejnë dhe ziejini derisa perimet të zbuten, rreth 30 minuta.

3. Shtoni kripë dhe piper për shije. Shtoni majdanozin. Shërbejeni me djathë të grirë.

Supë kremoze me kopër

Zuppa di Finocchio

Bën 6 racione

Patatet dhe finoku kanë një afinitet për njëri-tjetrin. Shërbejeni këtë supë të zbukuruar me gjethe kopër të grira dhe pak vaj ulliri ekstra të virgjër.

6 gota të bëra vetë Supë pule ose një përzierje e gjysmë supë të blerë në dyqan dhe gjysmë uji

2 presh të mëdhenj të prerë

3 llamba të mesme kopër (rreth 2 1/2 paund)

2 lugë gjalpë pa kripë

1 luge vaj ulliri

5 patate të ziera, të qëruara dhe të prera në feta

Kripë dhe piper i zi i sapo bluar

Vaj ulliri ekstra i virgjer

1. Përgatitni lëngun, nëse është e nevojshme. Më pas presim preshin përgjysmë për së gjati dhe i shpëlajmë mirë për të hequr

të gjitha gjurmët e rërës ndërmjet shtresave. Pritini në copa të mëdha.

2. Pritini kërcellet e koprës në lartësinë e llambave, duke rezervuar disa nga gjethet jeshile me pupla për zbukurim. Pritini bazën dhe njollat kafe. Pritini llamba në feta të holla.

3. Në një tenxhere të madhe shkrini gjalpin me vajin në zjarr mesatar. Shtoni preshin dhe ziejini derisa të zbuten, rreth 10 minuta. Shtoni kopër, patatet, lëngun e mishit dhe kripë e piper për shije. Lërini të ziejnë dhe ziejini derisa perimet të jenë shumë të buta, rreth 1 orë.

4. Duke përdorur një lugë të prerë, transferojini perimet në një përpunues ushqimi ose blender. Përpunoni ose përzieni derisa të jetë e qetë.

5. Kthejini perimet në tenxhere dhe ngrohini butësisht. Hidheni në tas supë, spërkatni me kapakët e rezervuar të koprës dhe spërkatni me vaj ulliri. Shërbejeni të nxehtë.

Supë me kërpudha dhe patate

Minestra di Funghi e Patate

Bën 6 racione

Këtu është një tjetër supë nga Friuli-Venezia Giulia, një rajon i famshëm për kërpudhat e tij të shkëlqyera. Aty do të përdoreshin kërpudha të freskëta porcini, por meqenëse janë të vështira për t'u gjetur, unë zëvendësoj një përzierje kërpudhash të egra dhe të kultivuara. Si patatet ashtu edhe elbi shtohen si trashës.

8 gota të bëra vetëLëng mishiose një përzierje e gjysmë supë të blerë në dyqan dhe gjysmë uji

2 lugë gjelle vaj ulliri

2 oce proshutë të prerë në feta, të prera imët

1 qepë mesatare, e grirë hollë

2 brinjë selino të grira imët

1 kile kërpudha të ndryshme, të tilla si të bardha, cremini dhe portabello

4 lugë majdanoz të freskët të grirë

2 thelpinj hudhre te grira holle

3 patate mesatare të ziera, të qëruara dhe të prera

Kripë dhe piper i zi i sapo bluar

1/2 filxhan elb perla

1. Përgatitni lëngun, nëse është e nevojshme. Hidhni vajin në një tenxhere të madhe. Shtoni proshutën. Gatuani, duke e përzier shpesh, mbi nxehtësinë mesatare deri në kafe të artë, rreth 10 minuta. Shtoni qepën dhe selinon dhe gatuajeni, duke i përzier herë pas here, derisa të zbuten, rreth 5 minuta.

2. Shtoni kërpudhat, 2 lugë majdanoz dhe hudhrën. Gatuani, duke e përzier shpesh, derisa lëngu i kërpudhave të avullojë, rreth 10 minuta.

3. Shtoni patatet, kripën dhe piperin. Shtoni lëngun dhe lëreni të ziejë. Shtoni elbin dhe gatuajeni pa mbuluar në zjarr të ulët për 1 orë ose derisa elbi të zbutet dhe supa të trashet.

4. Spërkateni me majdanozin e mbetur dhe shërbejeni të nxehtë.

Krem me lulelakër

Vellutata di Cavolfiore

Bën 6 racione

Një supë elegante për t'u shërbyer në fillim të një darke të veçantë. Nëse keni pak vaj tartufi ose pastë, provoni të shtoni pak në supë pak para se ta shërbeni, duke lënë jashtë djathin.

1 lulelakër mesatare, të prerë dhe të prerë në lule 1 inç

Kripë

3 lugë gjalpë pa kripë

1/4 filxhan miell për të gjitha përdorimet

Rreth 2 gota qumësht

arrëmyshk i sapo grirë

1/2 filxhan krem të rëndë

1/4 filxhan Parmigiano-Reggiano i sapo grirë

1. Sillni një tenxhere të madhe me ujë të ziejë. Shtoni lulelakrën dhe kripën sipas shijes. Gatuani derisa lulelakra të jetë shumë e butë, rreth 10 minuta. Kullojini mirë.

2. Në një tenxhere të mesme shkrini gjalpin në zjarr mesatar. Shtoni miellin dhe përzieni mirë për 2 minuta. Shumë ngadalë shtoni 2 gota qumësht dhe kripë për shije. Lëreni të ziejë dhe gatuajeni për 1 minutë, duke e përzier vazhdimisht, derisa të trashet dhe të jetë e qetë. Hiqeni nga zjarri. Shtoni arrëmyshk dhe kremin.

3. Transferoni lulelakrën në një përpunues ushqimi ose blender. Bëjmë pure duke shtuar pak salcë nëse është e nevojshme që pureja të jetë e lëmuar. Transferoni purenë në tigan me salcën e mbetur. I trazojmë mirë. Ngroheni butësisht, duke shtuar më shumë qumësht nëse është e nevojshme për të bërë një supë të trashë.

4. Hiqeni nga zjarri. Shijoni dhe rregulloni erëzat. Shtoni djathin dhe shërbejeni.

Supë siciliane me domate dhe elbi

Minestra d'Orzo alla Siciliana

Bën 4 deri në 6 racione

Në vend që të grijnë djathin, siçilianët shpesh e servirin supë me djathë të grirë hollë. Asnjëherë nuk shkrihet plotësisht në supë dhe mund të shijoni pak djathë në çdo kafshatë.

8 gota të bëra vetë<u>Supë pule</u>qoftë<u>Lëng mishi</u>ose një përzierje e gjysmë supë të blerë në dyqan dhe gjysmë uji

8 ons elb margaritar, të zgjedhur dhe të shpëlarë

2 domate mesatare, të qëruara, me fara dhe të prera, ose 1 filxhan domate të konservuara të copëtuara

1 brinjë selino e grirë imët

1 qepë mesatare, e grirë hollë

Kripë dhe piper i zi i sapo bluar

1 filxhan Pecorino Romano i prerë në kubikë

1. Përgatitni lëngun, nëse është e nevojshme. Në një tenxhere të madhe, bashkoni lëngun e mishit, elbin dhe perimet dhe lërini të

ziejnë. Gatuani derisa elbi të zbutet, rreth 1 orë. Shtoni ujë nëse supa bëhet shumë e trashë.

2. I rregullojmë me kripë dhe piper sipas shijes. Hidheni supën në tasa, duke shpërndarë djathin sipër.

supë me piper të kuq

Zuppa di Peperoni Rossi

Bën 6 racione

Ngjyra e gjallë e kuqe-portokalli e kësaj supe është një shenjë tërheqëse dhe e përshtatshme për shijen e shijshme dhe freskuese. Është frymëzuar nga një supë që kam provuar në Il Cibreo, një trattoria e njohur në Firence. Më pëlqen ta shërbej me fokaçe të ngrohtë.

6 gota të bëra vetë<u>Supë pule</u>ose një përzierje e gjysmë supë të blerë në dyqan dhe gjysmë uji

2 lugë gjelle vaj ulliri

1 qepë mesatare të grirë

1 brinjë selino, e prerë

1 karotë të grirë

5 speca të mëdhenj zile të kuqe, të prera dhe të grira

5 patate mesatare të ziera, të qëruara dhe të prera

2 domate, të prera dhe të grira

Kripë dhe piper i zi i sapo bluar

1 filxhan qumësht

Parmigiano-Reggiano i sapo grirë

1. Përgatitni lëngun, nëse është e nevojshme. Më pas, derdhni vajin në një tenxhere të madhe. Shtoni qepën, selinon dhe karotën. Gatuani, duke e përzier shpesh, mbi nxehtësinë mesatare derisa perimet të jenë të buta dhe të marrin ngjyrë kafe të artë, rreth 10 minuta.

2. Shtoni specat zile, patatet dhe domatet dhe përziejini mirë. Shtoni lëngun dhe lëreni të ziejë. Uleni zjarrin dhe gatuajeni për 30 minuta ose derisa perimet të jenë shumë të buta.

3. Duke përdorur një lugë të prerë, transferojini perimet në një përpunues ushqimi ose blender. Pure deri sa të jetë e qetë.

4. Hidhni purenë e perimeve në tenxhere. Ngrohni supën në zjarr të ulët dhe shtoni qumështin. Mos e lini supën të vlojë. Shtoni kripë dhe piper për shije. Shërbejeni të nxehtë, të spërkatur me djathë.

Fontina, supë me bukë dhe lakër

Zuppa alla Valpelline

Bën 6 racione

Një nga kujtimet e mia më të mira të Valle d'Aosta është djathi aromatik fontina dhe buka e shijshme integrale nga rajoni. Djathi prodhohet nga qumështi i lopës dhe vjetërohet në shpellat malore. Kërkoni një djathë me një lëkurë natyrale dhe siluetë të një mali të shtypur në majë për t'u siguruar që të merrni fontinën e vërtetë. Përdorni një bukë të mirë të përtypur për këtë supë të përzemërt. Lakra e gjelbër e Savojës ka një aromë më të butë se varieteti me gjethe të lëmuara.

8 gota të bëra vetë<u>Lëng mishi</u>ose një përzierje e gjysmë supë viçi të blerë në dyqan dhe gjysmë uji

2 lugë gjalpë pa kripë

1 lakër savoja e vogël, e grirë imët

Kripë

¼ lugë çaji arrëmyshk i sapo bluar

¹1/4 lugë çaji kanellë të bluar

piper i zi i sapo bluar

12 ons Fontina Valle d'Aosta

12 feta bukë thekre pa kore, bukë thekre ose gruri integral, e thekur

1. Përgatitni lëngun, nëse është e nevojshme. Më pas shkrini gjalpin në një tenxhere të madhe. Shtoni lakër dhe kripë për shije. Mbulojeni dhe ziejini për 30 minuta, duke e përzier herë pas here, derisa lakra të zbutet.

2. Ngrohni furrën në 350°F. Vendosni lëngun e mishit, arrëmyshkun, kanellën, kripën dhe piperin në një tenxhere të madhe dhe lërini të ziejnë mbi nxehtësinë mesatare.

3. Vendosni 4 feta bukë në fund të një tenxhere të thellë 3 litërshe kundër furrës ose një tenxhere të rëndë të thellë ose enë pjekjeje. Hidhni sipër gjysmën e lakrës dhe një të tretën e djathit. Përsëriteni me një shtresë tjetër bukë, lakër dhe djathë. Mbulojeni me bukën e mbetur. Hidhni me kujdes lëngun e nxehtë. Pritini djathin e rezervuar në copa të vogla dhe shpërndajeni sipër supës.

4. Piqni tavën derisa të marrë ngjyrë kafe të artë dhe të marrë flluska, rreth 45 minuta. Lëreni të qëndrojë 5 minuta para se ta shërbeni.

supë kremoze me kërpudha

Zuppa di Funghi

Bën 8 racione

Dita e Falënderimeve nuk është një festë që festohet në Itali, por unë shpesh e shërbej këtë supë kremoze me kërpudha të thata të freskëta të Italisë Veriore si pjesë e menusë time të festave.

8 gota të bëra vetë<u>Lëng mishi</u>ose një përzierje e gjysmë supë viçi të blerë në dyqan dhe gjysmë uji

1 ons kërpudha të thata porcini

2 gota ujë të nxehtë

2 lugë gjalpë pa kripë

1 qepë mesatare, e grirë hollë

1 thelpi hudhër të grirë imët

1 kile kërpudha të bardha, të prera hollë

1 1/2 filxhan verë të bardhë të thatë

1 lugë gjelle pastë domate

1/2 filxhan krem të rëndë

majdanoz i freskët i copëtuar me gjethe të sheshta, për zbukurim

Kripë dhe piper i zi i sapo bluar

1. Përgatitni lëngun, nëse është e nevojshme. Më pas hidhni kërpudhat e porcinit në ujë dhe lërini të ziejnë për 30 minuta. Hiqni kërpudhat nga tasi dhe rezervoni lëngun. Shpëlajini kërpudhat nën ujë të rrjedhshëm të ftohtë për të hequr çdo grimcë, duke i kushtuar vëmendje të veçantë skajeve të kërcellit ku mblidhet papastërtia. Pritini kërpudhat në copa të mëdha. Kullojeni lëngun e kërpudhave përmes një filtri kafeje letre në një enë.

2. Në një tenxhere të madhe shkrini gjalpin në zjarr mesatar. Shtoni qepën dhe hudhrën dhe ziejini për 5 minuta. Shtoni të gjitha kërpudhat dhe gatuajeni, duke i përzier herë pas here, derisa kërpudhat të marrin një ngjyrë kafe të lehtë, rreth 10 minuta. Shtoni kripë dhe piper për shije.

3. Shtoni verën dhe lëreni të ziejë. Shtoni supë, lëng kërpudhash dhe paste domate. Ulni zjarrin dhe ziejini për 30 minuta.

4. Shtoni kremin. Spërkateni me majdanoz dhe shërbejeni menjëherë.

Supë me perime Pesto

Pesto Minestrone

Bën 6 deri në 8 racione

Në Liguria, një lugë salcë pesto aromatik shtohet në tasat me minestrone. Nuk është thelbësore, por vërtet ia ngre shijen supës.

1/4 filxhan vaj ulliri

1 qepë mesatare të grirë

2 karota të grira

2 brinjë selino, të prera

4 domate të pjekura, të qëruara, të prera dhe të prera

1 kile chard ose spinaq, i grirë

3 patate mesatare të ziera, të qëruara dhe të prera

3 kunguj të njomë të vegjël, të copëtuara

8 ons bishtaja, të prera në copa 1/2 inç

8 ons fasule të freskëta cannellini ose borlotti të prera ose 2 filxhanë fasule të gatuara, të thara ose të konservuara, të kulluara

Kripë dhe piper i zi i sapo bluar

1 recetë pesto

4 ons forma të vogla makaronash si tubetti ose bërryla

1. Hidhni vajin në një tenxhere të madhe. Shtoni qepët, karotat dhe selinon. Gatuani, duke e përzier shpesh, mbi nxehtësinë mesatare derisa perimet të jenë të buta dhe të marrin ngjyrë kafe të artë, rreth 10 minuta.

2. Shtoni domatet, chardën zvicerane, patatet, kungull i njomë dhe fasulet. Shtoni ujë të mjaftueshëm për të mbuluar perimet. Shtoni kripë dhe piper për shije. Gatuani, duke e përzier herë pas here, derisa supa të trashet dhe perimet të jenë të buta, rreth 1 orë. Shtoni pak ujë nëse bëhet shumë i trashë.

3. Ndërkohë përgatisni peston nëse është e nevojshme. Kur supa të jetë trashur, shtoni makaronat. Gatuani, duke i trazuar, derisa makaronat të jenë të buta, rreth 10 minuta. Lëreni të ftohet pak. Shërbejeni të nxehtë, duke kaluar rreth një tas pesto, për ta shtuar në tavolinë, ose shërbejeni supën në tasa dhe vendosni pak pesto në qendër të secilit.

Supë me vezë Pavia

Zuppa alla Pavese

Bën 4 racione

Vezët e ziera në lëng mishi janë një vakt i shpejtë dhe i shijshëm. Supa është gati për t'u shërbyer kur të bardhat të jenë vendosur dhe të verdhat të jenë ende të buta.

2 litra të bëra vetë<u>Lëng mishi</u>ose një përzierje e gjysmë supë të blerë në dyqan dhe gjysmë uji

4 feta bukë fshati, të thekura lehtë

4 vezë të mëdha, në temperaturë ambienti

4 deri në 6 lugë gjelle Parmigiano-Reggiano të sapo grirë

Kripë dhe piper i zi i sapo bluar

1. Përgatitni lëngun, nëse është e nevojshme. Nëse nuk është bërë i freskët, ngrohni lëngun në zjarr të ulët. I rregullojmë sipas shijes me kripë dhe piper.

2. Keni gati 4 gota të nxehta supë. Vendosni një fetë bukë të thekur në çdo tas, më pas thyeni një vezë sipër çdo fete dolli.

3. Hidhni lëngun e nxehtë mbi vezët për të mbuluar disa centimetra. Spërkateni me djathë. Lëreni të qëndrojë derisa e bardha e vezës të gatuhet sipas shijes. Shërbejeni të nxehtë.

byrek me presh

Crostata di Porri

Bën 6 deri në 8 racione

E hëngra këtë tortë në një enoteca, ose bar vere, në Bolonjë. Aroma e arrave të Parmigiano dhe kremit përmirësojnë shijen e ëmbël të preshit. Mund të bëhet edhe me kërpudha të skuqura ose speca në vend të preshit.

1 recetëtortë e kripur

Të mbushura

4 presh të mesëm, rreth 1 1/4 kile

3 lugë gjalpë pa kripë

Kripë

2 vezë të mëdha

³1/4 filxhan krem të rëndë

1/3 filxhan Parmigiano-Reggiano i sapo grirë

arrëmyshk i sapo grirë

piper i zi i sapo bluar

1. Përgatisni dhe piqni pjesërisht koren. Uleni temperaturën e furrës në 375°F.

2. Përgatitni mbushjen: Prisni rrënjët dhe pjesën më të madhe të majave të gjelbra të preshit. I presim përgjysmë për së gjati dhe i shpëlajmë shumë mirë ndërmjet çdo shtrese nën ujë të ftohtë të rrjedhshëm. Prisni preshin në feta të holla tërthore.

3. Në një tigan të madh shkrini gjalpin në zjarr mesatar. Shtoni preshin dhe pak kripë. Gatuani, duke i përzier shpesh, derisa preshi të zbutet kur shpohet me thikë, rreth 20 minuta. Hiqeni tiganin nga zjarri dhe lëreni të ftohet.

4. Në një tas mesatar, përzieni vezët, kremin, djathin dhe një majë arrë moskat. Shtoni presh dhe piper sipas shijes.

5. Hidheni masën në lëvozhgën e tartës së pjekur pjesërisht. Piqni 35 deri në 40 minuta ose derisa mbushja të jetë vendosur. Shërbejeni të ngrohtë ose në temperaturë ambienti.

Sanduiçe me mocarela, borzilok dhe piper të pjekur

Panini di Mozzarella

Bën 2 porcione

Unë ndonjëherë e bëj këtë sanduiç duke zëvendësuar rukolën me borzilokun dhe proshutën me specat e kuq.

4 oce djathë mocarela e freskët, e prerë në 8 feta

4 feta bukë fshati

4 gjethe borziloku të freskët

¼ filxhan speca zile të pjekura të kuqe ose të verdha, të prera në shirita të hollë

1. Pritini fetat e mocarelës që të vendosen në bukë. Nëse mocarela është me lëng, thajeni. Vendosni gjysmën e djathit në një shtresë të vetme në dy feta bukë.

2. Sipër djathit i rregullojmë gjethet e borzilokut dhe specat e zierës dhe sipër i hedhim mocarelën e mbetur. Vendosni bukën e mbetur sipër dhe shtypni fort me duar.

3. Ngrohni paraprakisht një shtypje sanduiç ose tigan për skarë. Vendosni sanduiçët në shtyp dhe gatuajeni derisa të skuqen, rreth 4 deri në 5 minuta. Nëse përdorni një tigan për pjekje, vendosni sipër një peshë të rëndë, si p.sh. një tigan. Kthejini sanduiçet kur të skuqen nga njëra anë, sipër peshoni dhe tosti nga ana tjetër. Shërbejeni të nxehtë.

Sanduiç Riviera

Panino della Riviera

Bën 4 racione

Kufiri gjeografik që ndan Italinë dhe Francën nuk do të thotë gjithashtu një dallim në ushqimin e konsumuar nga të dyja anët. Me klimën dhe gjeografinë e tyre të ngjashme, njerëzit që jetojnë përgjatë brigjeve italiane dhe franceze ndajnë zakone shumë të ngjashme të të ngrënit. Një shembull është pan bagnat francez dhe italiani pane bagnato, që do të thotë "bukë e zhytur", e cila nganjëherë quhet sanduiç Riviera në Itali. I lyer me një salcë vinegrette të gjallë, ky sanduiç i shijshëm është i mbushur me ton dhe speca të pjekur në frëngjisht. Në anën italiane të kufirit, mocarela zëvendësohet me tonin dhe shtohet açuge, por pjesa tjetër është pothuajse e njëjtë. Ky është sanduiçi i përsosur për të marrë në një piknik, sepse shijet shkojnë mirë së bashku dhe bëhet më mirë siç është.

1 copë bukë italiane, rreth 12 inç e gjatë

Fashë

1 thelpi hudhër e grirë shumë imët

¹1/4 filxhan vaj ulliri

2 lugë gjelle uthull

¹1/2 lugë çaji rigon i tharë, i grimcuar

Kripë dhe piper i zi i sapo bluar

2 domate të pjekura, të prera në feta

1 (2 ons) kanaçe açuge

8 ons mocarela e prerë në feta

2 speca të pjekura, të qëruara dhe të grira me lëngun e tyre

12 ullinj te perpunuar me vaj, te prere dhe te grire ne copa

1. Pritini bukën në gjysmë për së gjati dhe hiqni bukën e butë nga brenda.

2. Në një tas të vogël, përzieni përbërësit e salcës dhe hidhni gjysmën e salcës mbi anët e prera të bukës. Mbi gjysmën e poshtme të bukës hidhni domate, açuge, mocarela, speca të pjekur dhe ullinj, duke e spërkatur secilën shtresë me pak nga salcë.

3. Vendoseni pjesën e sipërme të sanduiçit dhe shtypni së bashku. Mbështilleni me fletë metalike dhe mbulojeni me një dërrasë ose një tigan të rëndë. Lëreni të qëndrojë në temperaturën e dhomës deri në 2 orë ose ruajeni në frigorifer gjatë natës.

4. Pritini në sanduiçe 3 inç të gjerë. Shërbejeni në temperaturë ambienti.

www.ingramcontent.com/pod-product-compliance
Lightning Source LLC
Chambersburg PA
CBHW050351120526
44590CB00015B/1644